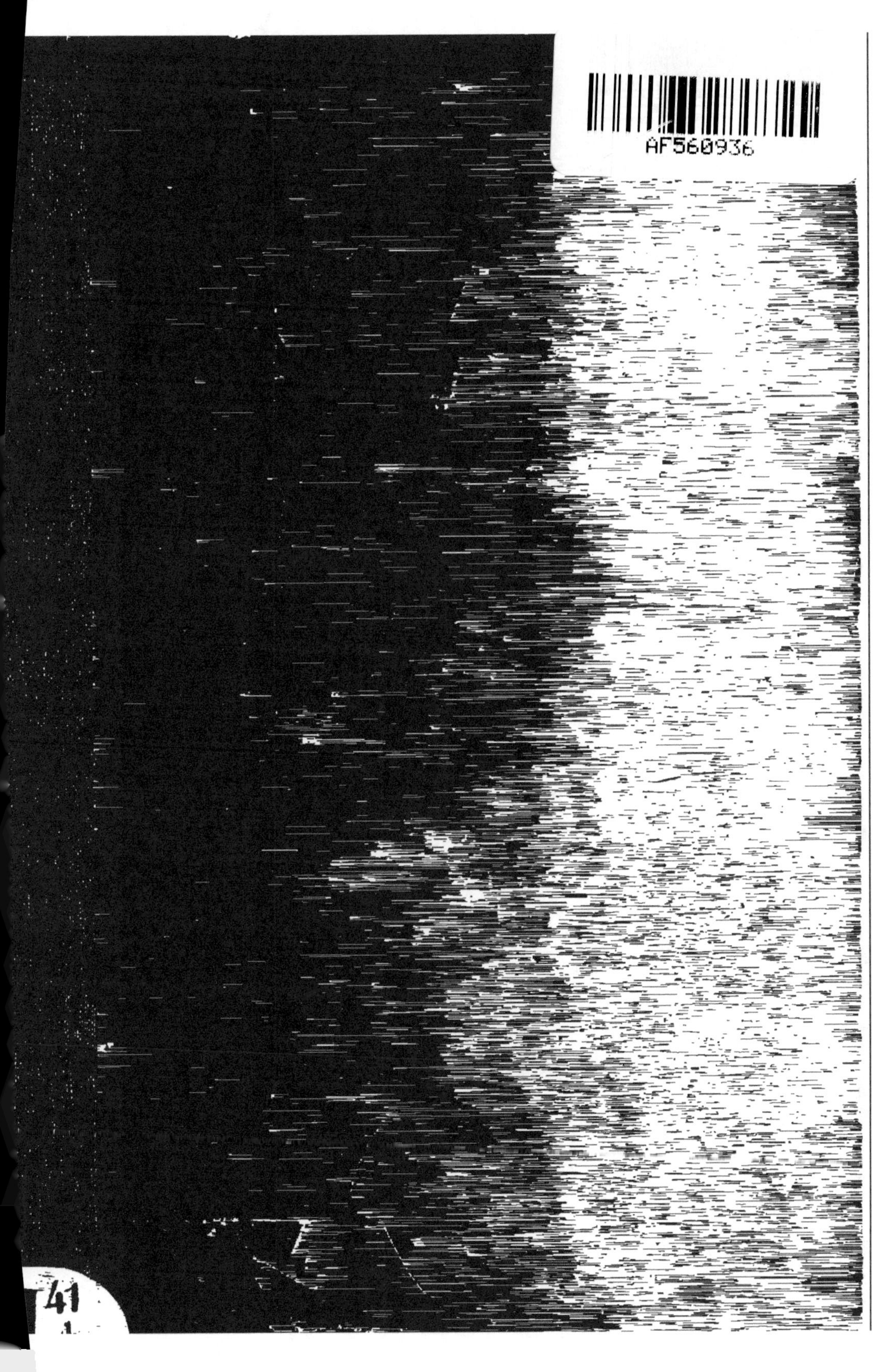
AF560936

QUELQUES IDÉES

A L'ORDRE, *mais peut-être pas à la* COULEUR *du jour;*

PAR P. A. ANTONELLE.

A PARIS,

De l'imprimerie de R. VATAR et ass. rue de l'Université, n° 926.

Pluviôse, an 3.

QUELQUES IDÉES

A L'ORDRE, mais peut-être pas à la COULEUR du jour ;

PAR P. A. ANTONELLE.

Da veniam si quid liberiùs dixi.
Augustin, cité par J. J. Rousseau.

LA révolution des principes et de l'égalité a pour elle la nature, et contr'elle toutes les altérations qui l'ont dépravée. Elle a pour elle la saine raison, qui n'est que cette même nature bien consultée, et contre elle tout ce qui fait obstacle aux sages leçons de l'une, tout ce qui affoiblit ou voudroit étouffer les saintes inspirations de l'autre.

Ce n'est pas que nos vices mêmes n'aient paru vouloir servir la révolution, et ne l'aient en effet secondée ; mais en quelque sorte à leur insçu. Ce fut une de leurs erreurs : celle-ci tournoit au profit de l'égalité ; mais ils ne la vouloient pas ; ils ne travailloient que pour eux-mêmes.

Sur chacun des mille degrés qui divisoient alors l'échelle sociale, l'amour-propre, essentiellement ennemi de ce qui le prime, s'agitoit pour forcer à descendre tout ce qui dépassoit ce niveau, et certes, ces mouvemens étoient heureux sans doute. Mais comme il est dans sa nature aussi de vouloir primer, il repoussoit tout ce qui se relevoit à ce niveau même ; et cet autre mouvement ne pouvoit être justifié ni souffert.

Ce que je dis-là de l'orgueil, peut également se dire de l'avarice et de la cupidité.

De rang en rang, ainsi que d'une classe à l'autre, on savoit très-bien commander les sacrifices ainsi que les privations; on savoit un peu moins les supporter. Il sembloit infiniment simple de les exiger, et fort extraordinaire de s'y trouver soumis. Ainsi donc, en général, on vouloit aider et servir la chose publique et son grand renouvellement, en leur immolant la fortune et la vanité d'autrui. Car chacun, pour son compte personnel, en y comprenant celui de sa caste, croyoit n'avoir que la mesure juste de ces deux choses.

C'est de ce double effet dans chaque classe, des deux vices principaux dont aucune ne fut ni n'est encore exempte, que devoit résulter cette longue suite d'agitations et de mouvemens plus ou moins salutaires; c'est dans cette tourmente même que s'élaborent encore, et s'épurent tous les jours, ces levains d'une régénération si nécessaire et si desirée; c'est enfin dans le dernir résultat de cette fermentation intestine, que se cache encore notre véritable destinée révolutionnaire.

La guerre au-dehors n'a pas besoin d'être expliquée; chacun sent assez quels durent en être les motifs: on ne manqua pas de la lier à celle de l'intérieur; et chacune des deux étoit, à beaucoup d'égards, l'aliment et l'appui de l'autre.

Cela ne veut pas dire que, dans le cours même de la révolution, il ne puisse se présenter une situation des choses telle que les ennemis de l'égalité en viendroient à croire qu'une paix quelconque au-dehors, les mettroit en position de faire au-dedans une guerae heureuse et décisive; et alors ils s'occuperoient beaucoup de cette paix.

Ce ne sont pas là de simples conjectures ; ce sont des appréhensions fondées.

Ce qui est moins conjectural encore, ce qui est notoire à tous, c'est que les mêmes personnes qu'un accès de fureur paroît avoir saisi pour ne plus leur laisser de relâche ; qui dans cette permanence de colère et de déraison, veulent absolument que, de manière ou d'autre, on les débarrasse promptement de tous les patriotes énergiques, et, par prédilection, des hommes du 10 août et du 31 mai qu'ils constituent auteurs responsables de tous nos maux ; c'est que ces personnes-là, dis-je, sont encore ceux, et les amis de ceux, à qui l'on pourroit le plus raisonnablement imputer les trahisons et le honteux début de la guerre extérieure, les calamités, l'opprobre et l'affligeante folie de nos dissentions intestines.

Je ne sais pas s'ils veulent sincèrement une paix glorieuse au dehors, mais je vois qu'ils provoquent de tous leurs moyens une reprise, avec redoublement, de guerre dans l'intérieur.

Quel peut être leur dernier but ? Je ne puis le signaler distinctement et avec certitude ; mais je l'entrevois ; et les probabilités qui me le désignent sont assez fortes pour imposer, à celui qui s'en pénètre, le devoir d'en donner l'éveil à ceux qui n'y pensent pas assez.

Chacun voit bien au moins qu'une très-injuste vengeance les anime, et qu'ils voudroient laver dans le sang des plus indomptés et plus invariables serviteurs du peuple, des vrais jacobins, les humiliations et les sévérités, les rigueurs (1) qu'ils avoient eux-mêmes rendues nécessaires.

---

(1) Je ne parle pas des crimes : tout patriote les abhorre ; et

Qui ne seroit sur-tout révolté de ce continuel scandale de haine et de fureur, qui devient en quelque sorte un point d'émulation, un sujet de concours, et dont ils paroissent se disputer l'un à l'autre l'*exécrable honneur* d'atteindre le dernier terme ?

Qui me dira si *l'Orateur* (1) *du peuple* l'emporte sur *le Messager du soir* ? si certains hommes, dans je ne sais quel caffé, ne leur sont pas supérieurs encore ? et si les prétendus représentans de quelque section ne les effacent pas tous ?

Voyez comme une rage commune semble sur-tout unir et diriger leurs sacriléges efforts contre la première ligne des naturels défenseurs du peuple, dévoués serviteurs de sa cause, intrépides soutiens de ses droiss, ardens amis de la bonne et pure démocratie, et, si de telles expressions ne paroissent pas hazardées, grenadiers et vedettes dans l'armée conventionnelle; en un mot, contre les représentans dits *montagnards*.

L'invective et l'outrage ont acquis envers eux le dernier degré de virulence. Je veux le répéter, on paroît se faire un point d'honneur de les avilir et de les figurer horribles. C'est à qui les peindra, les exposera, les proclamera plus exécrables. La calomnie de tous les momens nous abreuve contr'eux de tous ses poisons. Une malignité venimeuse et réfléchie, une atrocité froide et continue, les dévouent à tous les poignards, ordonnent leur assassinat, convoquent ses sicaires; et ce ne sera pas sa faute, si,

---

celui-là n'étoit pas jacobin, qui pût sciemment approuver ou commettre le crime.

(1) Ce mot est une distraction du prote; lisez : *Détracteur.*

quelques jours, sur leurs siéges mêmes..... Je ne veux pas achever.... Mais, que les bons citoyens veillent plus que jamais sur cette conspiration d'un genre nouveau.

C'est au nom du peuple que d'impudens frénétiques tournent en habitude journalière de si épouvantables excès.... Et, pour l'étonnement et l'éternelle douleur des esprits droits et des cœurs sensibles, leurs expressions délirantes ont enlevé les acclamations du sénat et les honneurs de son bulletin !..... Où en sommes-nous donc ?... Douce humanité, vénérable vertu, justice sainte, est-ce donc ainsi que l'on vous honore, et sont-ils en effet vos adorateurs, ou ne sont-ils que vos prêtres, ceux qui vous rendent un tel culte ?....

Il seroit affreux, cependant, que la Convention nationale, dont la mission première fut et n'a pas cessé d'être d'achever la révolution, en la menant à son véritable terme, pût jamais se croire obligée de flétrir ou de laisser flétrir, dans la personne des révolutionnaires qui se seroient le plus généreusement dévoués, ce dévouement même, et tout ce qu'il produisit d'étonnant et d'inespéré; toutes ces œuvres de vertu mâle et civique; tous ces actes nécessaires et douloureux; cette obéissance pénible et grande aux déterminations souveraines que l'inévitable destinée commanda; ces prodiges de fermeté, de persévérance et de travail dont la république avoit un besoin bien reconnu, qu'elle a si constamment et si justement loués, qui lui ont tant servi, et sans lesquels elle ne pouvoit ni triompher ni se maintenir..... Est-ce donc à tous les forbans du royalisme, du vendéisme, du fédéralisme, et de l'aristocratie, qu'il sera donné d'être en quelque sorte les interprêtes et les organes du vœu national, des opinions conventionnelles; et voudroit-on traduire ainsi devant le tribunal des ennemis de la révolution et de la démocratie, ceux qui les servirent avec tant de constance et de gloire, qui leur donnèrent tous leurs momens et tous leurs moyens, qui, spécialement chargés d'en assurer les progrès, le triomphe et l'affermissement, n'ont plus connu dans la vie les distractions, l'indépendance, les joies, les douceurs de l'homme privé, et ne voulurent vivre et travailler que pour remplir cette honorable et périlleuse mission ?.... Certes, alors, il faudroit nous dire qu'on ne veut plus de démocratie, et qu'on désavoue la révolution qui nous y a conduit.

Il seroit encore bien t[illegible]ement étrange, que la Convention nationale crut devoir sacrifier à l'esprit de vengeance de tous les amis des traîtres, ces autres révolutionnaires, agens en sous-ordre, dont les méprises et les écarts, moins fréquens d'ailleurs et moins graves qu'on ne le publie aujourd'hui, tenoient à la nouveauté des plus difficiles circonstances, à leur entraînement, à leur tyrannie, à l'esprit même d'une Convention toute révolutionnaire, et qui devoit l'être, enfin, au prodigieux ascendant qu'avoit pris sur elle, et qui de cette hauteur pesoit sur tous, le triumvirat hypocrite qu'elle a depuis si glorieusement renversé.

Il seroit sur-tout bien douloureux que cette Convention, plus d'une fois désabusée, et si récemment victorieuse, vint à fléchir encore, et, toujours à son insu, sous une tyrannie nouvelle, non moins barbare que la précédente, plus dangereuse même, parce qu'elle seroit barbare avec plus de perfidie et de rafinement, avec de plus grands et de plus nombreux moyens, avec plus de facilité, peut-être ; car, d'où sortiroit la résistance ? Où trouver un appui ? Quel pourroit être le centre du ralliement, le lieu, l'occasion, le moyen paisible de l'accord et du tout-ensemble ? . . . Le peuple, aujourd'hui bien débarrassé de tous ses droits, est plus que jamais en état de minorité indéfinie, pour le temps et pour l'espèce, et nulle voie ne lui est ouverte (1) pour se mettre hors de lutte. Tous les moyens de séduction et de force, de captation et de puissance, d'entraînement et de contrainte, semblent être aux mains de la foule de ses maîtres. Il n'est plus rien dans la chose publique à titre de souverain ; et comme il ne peut y être qu'à ce titre, il en est provisoirement disparu : nul ne peut assigner la durée de l'éclipse. . . . Les individus, à leur tour, ne sont plus de rien dans la chose publique, à titre de membres du souverain ; ils n'y prenent part que comme sujets. On croit voir d'aimables enfans, et le *bon temps* est ainsi de retour. . . . Depuis le réglement le plus simple sur les plus ordinaires détails, jusqu'à la loi la plus importante sur des objets majeurs, le peuple reçoit tout et n'accepte rien ; il ne rejette ni ne sanctionne : il se soumet. . . . . Depuis le simple commis et le dernier employé dans la chose publique, jusqu'au fier proconsul, le peuple reconnoît et tient pour bon celui qu'on lui donne ; et comme il n'est plus question pour lui d'en choisir un seul, il n'en repousse aucun. Il ne sait plus ni refuser, ni élire, ni destituer. C'est un souverain qui dépend, ainsi qu'on le voit, de tous et de tout, et de qui nulle chose et nul homme publics ne ressortent ni ne dépendent.

Il est certain que, si la convention n'est pas extrê-

---

(1) Il en est une, on le sait bien, qui, de droit, reste toujours ouverte ; mais. . . . etc.

mement attentive et surveillante, et véritablement dévouée au peuple, les meneurs, dans son sein, comme autour d'elle, ont la plus belle occasion du monde d'établir à demeure la plus parfaite des tyrannies; on n'aura jamais rien vu de semblable, et cela est même infiniment tentant, puisqu'il ne s'agiroit que de nous accoutumer petit-à-petit au *tout en état*, que l'on maintiendroit. Si cet essai d'apprivoisement réussissoit, l'effet en seroit on ne peut plus amortissant. Cette rechûte laisseroit peu d'espoir; elle seroit le symptôme d'un épuisement qu'elle accroîtroit encore. —— *Dii meliora piis.*

Il ne m'est pas démontré, je l'avoue, que le projet et l'espérance de nous y conduire n'existe pas chez quelques hommes, que je n'apperçois point, il est vrai : ma vie retirée et simple, ma naturelle mal-adresse en ce genre, une bonhomie assez niaise, si ce n'est sur les choses, au moins sur les personnes, ne me permettront jamais de reconnoître ces hommes, si véritablement il en est qui se plaisent dans de si tristes pensées.

Je ne puis au moins ne pas voir que des patriotes qui ont fait preuve de logique et de courage, des patriotes très-capables d'éclairer l'opinion publique, et de faire honte à l'impur journalisme, sur tout ce qui tient à la nature et aux vrais fondemens de la démocratie (1), sont forcés de se taire; ils courroient inutilement de trop grands risques, s'ils vouloient écrire ou parler comme ils pensent.

Cependant, ne pourroit-on pas demander le plus inno-

---

(1) Si l'on est bien convaincu qu'elle ne vaut rien pour nous, qu'on le dise franchement, et qu'on nous le prouve. Assurément, ce n'est pas, qu'on me passe le terme, le salmi-gondis aristo-royalite du nouveau spectateur, qui nous fournira cette preuve.

cemment du monde, et sous le rapport de la liberté, non pas démocratique, ni même anglaise, mais d'une liberté politique, aussi restrainte qu'on puisse l'imaginer, ce qu'a donc gagné le bon peuple, même depuis la promulgation de cette belle adresse sénatoriale, sur laquelle je prie qu'on me permette de ne pas m'expliquer.

Le peuple a-t-il resaisi un seul de ses droits? . . . . Il ne lui en reste aucun; le dépouillement est absolu.

A la vérité, le nouveau pouvoir indépendant a plus d'une fois prononcé de très-belles maximes; mais le triumvirat aussi faisoit parade de son exquise morale, de ses principes populaires et purs. Certes, en fait d'étalage et de beaux discours, les nouveaux venus auront quelque peine à l'emporter sur leurs devanciers, et ceux-ci nous ont assez prouvé qu'il faut aux droits du peuple une plus solide garantie.

Cette garantie, je me plais à le dire et le redirai plus d'une fois sans doute dans le cours de mes observations, cette garantie est dans le souvenir de tout ce que la convention a fait aussi souvent qu'elle voulut être elle-même, dans la certitude encore qu'elle voudra toujours le bien, et dans la naturelle persuasion qu'elle ne se laissera plus enlever la puissance de le faire.

Mais observez donc si déja contre son gré et au mépris de tous ses principes il ne s'élève pas un parti dominateur et remuant, qui, ne tâtonnant pas même une expérience pour eux si nouvelle, et dès leurs premiers pas dans la carrière, y portent une manière et y affectent des allures plus menaçantes, plus impétueuses, plus brusques que ne le furent jamais les boutades mêmes de ceux dont la toute-puissance étoit devenue si horrible.

Ne manifestent-ils pas en plus d'un lieu les plus scandaleux caprices, d'implacables ressentimens et des volontés trop insolemment impérieuses, pour consentir jamais à n'être qu'humains, sociables et justes ?

Ne paroissent-ils pas déterminés à toujours faire contre le peuple et ses vieux amis, sous les noms de *montagnards*, de *jacobins*, de *sans-culottes*, de *bonnets-rouges*, d'*hommes à-pique*, de *race grossière et sauvage*, &c. ce que les autres faisoient contre les riches, les gens aisés, les esprits éclairés, les gens à talent, sous les qualifications d'*aristocrates*, de *voluptueux*, d'*égoïstes*, d'*hommes dépravés et corrupteurs*, d'*ennemis naturels de l'égalité*, de *royalistes-nécessaires*, de *sanguinaires conspirateurs* méditant sans cesse le *renversement de la république*, et voulant y parvenir par la *guerre civile* et la *dissolution ou l'égorgement de la convention nationale*, &c. &c.

Un des plus affligeans caractères du mouvement actuel, en cela trop peu différent de la tyrannie abattue, c'est le bas prix qu'on paroît mettre à l'honneur, à la liberté, à la vie de tout citoyen dont les opinions révolutionnaires ne sont pas celles du nouveau parti ; on se feroit un jeu de lui enlever tout ; on voudroit que la convention nationale n'y mît pas plus d'importance et n'y fît pas plus de difficulté que pour l'insertion d'un compliment au bulletin.

Il arriveroit de là, si l'on ne se hâtoit de devenir raisonnable, que tous les patriotes qui furent véritablement actifs et prononcés dans le cours de la révolution, seroient traités, sous ce régime de justice et de vertu *nouvelles*, comme l'on traita les philosophes dans l'*heureux* siècle des rois, des parlemens et des prêtres.

Leur sort seroit d'avoir voulu faire beaucoup de bien, et de n'en retirer pour eux-mêmes que du mal.

Résolus à faire triompher la sainte cause du peuple, ils auroient bravé tous les persécuteurs, et tous les persécuteurs les frapperoient. Comme ils se seroient dévoués tout de bon, ce seroit aussi tout de bon qu'on les immoleroit, et tout cela, comme on voit, seroit dans l'ordre; non pas, il est vrai, dans l'ordre de la *bonne* justice, mais bien dans l'ordre de cette *autre* justice que les passions personnelles ont intérêt à faire prévaloir; or, comme c'est en effet à *ces* passions même et à *leur* justice que les vrais patriotes ont déclaré la guerre, il seroit simple qu'elles les traitassent, aux jours de triomphe, comme des guerriers cruels et lâches traitent les hommes généreux que le parti vaincu leur livre.

Ces patriotes, en attendant, ont, avec les philosophes dont nous parlons, un autre trait de ressemblance bien frappant; c'est qu'ayant affaire à des ennemis qui intriguent, se concertent, cabalent, ameutent, font corps et dirigent des bandes, ces patriotes, de leur côté, n'intriguent jamais, ne cabalent point, n'ameutent point, restent épars, et n'ont chacun que leur force individuelle, qui est bien peu de chose, et celle des principes qui, au tribunal de la raison, est invincible, mais est à-peu-près nulle au tribunal des passions, en présence des conjurés.

Et de cette dernière observation, en voulez-vous une preuve bien sensible, entre beaucoup d'autres non moins concluantes?... Prenez la peine de parcourir la correspondance de la Convention nationale et le tableau des plus belles adresses, telles que le moniteur la produit et nous les relate depuis quelques mois; et vous y verrez, ce qu'il vous semblera surprénant et doux, de connoître enfin, que *tous* les citoyens de *chaque* commune de la République *entière sont* et *furent* républicains, révolutionnaires et patriotes, à l'exception seulement de ceux qui ont le plus ardemment aimé leur patrie, servi la révolution et voulu la république. Voila ce qu'ont récemment découvert, et ce que veulent bien nous apprendre les modernes faiseurs d'adresses, et les nouveaux commissaires de la Convention nationale (1), en cela bien concordans avec tous les autres distributeurs de la pure lumière de ces derniers jours, tous infaillibles et sans passions, comme on sait, soit qu'ils gratifient le bon peuple, à l'occasion de quelque crime honteux et de tant d'inévitables malheurs dont eux aussi, sous plusieurs rapports, furent en partie la constante et plus indestructible cause, soit, ais-je dit, qu'ils gratifient le bon peuple, de leurs romances plaintives ou de leurs horribles couplets, de leurs vaudevilles ou de leurs drames, de leurs pamphelets ou de leurs romans, de leurs plaidoyers-philippiques ou de leurs journaux assassins et imprécatoires.

(1) Ces représentans du peuple, imbus souvent à leur départ même des préventions que les solliciteurs et les plaignans s'efforcent toujours d'inspirer, préventions non toujours étrangères aux motifs qui déterminent leur envoi, préventions que grossissent encore sur le lieu même de leur mission les hommes du parti dominant qui les circonviennent et les obsèdent, et que l'ignorance des intrigues locales, jointe à la rapidité des opérations, les laisse hors d'état de pénétrer et de bien connoître; ces représentans, ai-je dit, ne peuvent manquer d'être souvent trompés. Je ne veux pas dissimuler, et je ne fais pas de doute, que leurs devanciers n'aient aussi plus d'une fois été trompés en sens inverse. Mais, de cela seul qu'une espèce d'intrigans auroit pu surprendre la religion des premiers, il ne s'en suivroit pas qu'il dût paroître juste et bon aux successeurs de se fier à d'autres; ils doivent au contraire redoubler de méfiance et sentir qu'ils ne peuvent trop se tenir en garde par-tout où deux partis sont prononcés.

Tout cela prouve assez, comme je le disois, qu'au tribunal des passions personnelles et des mille petites exaspérations de l'intérêt propre, ceux d'entre les vieux patriotes qui servirent la révolution, avec l'ardeur et l'abandon du plus sincère dévouement, qui mettant au-dessus de tout le salut public, et ce qui leur parut être la volonté nationale, crurent devoir tout sacrifier à ces grands principes, courroient encore le risque d'être eux-mêmes sacrifiés, si l'autorité première ne se tenoit plus que jamais en garde contre les pièges qu'on ne cesse pas de lui tendre, et contre la violence même qu'on sembleroit vouloir lui faire au nom de l'*opinion publique*; comme si ce beau nom, trop souvent usurpé, convenoit toujours au vent qui souffle avec le plus de force, comme si le vaisseau de la république devoit être abandonné à la merci des vents impétueux, comme si ce n'étoit pas en allant contre ces vents mêmes, cinglant au plus près du moins, tout orageux et tout importuns qu'ils puissent être, que le pilote habile et courageux se tiendra sur la véritable route du port, dont tant de vents contraires veulent envain l'écarter.

Oui, c'est dans cette inébranlable persévérance, et non dans la facilité de tourner au vent, que le peuple reconnoîtra ses mandataires fidèles; c'est ainsi qu'ils rempliront avec gloire la plus grande des missions; c'est par-là qu'ils éviteront de jeter le découragement, ou de porter l'affliction dans le cœur des patriotes les plus dévoués; c'est alors que, pour le bonheur de tous, sans violence et sans tumulte, pourra se montrer enfin dans l'éclat doux et pur d'un paisible triomphe, cette véritable opinion publique, qui ne viendra pas nous dire qu'il faut immoler sans pitié, ou diffamer avec une légèreté cruelle, ceux de nos frères que le grand intérêt de la famille put égarer, ou que d'irrésistibles circonstances entraînèrent.

Je suis peut-être entraîné moi-même en ce moment, mais je suis bien sûr au moins que je n'obéis à l'opinion de personne ; c'est la mienne, je le sens, que j'énonce, et que je veux continuer d'énoncer, avec les ménagemens que je veux aussi conserver pour celle des autres, lorsqu'en effet elle sera leur sentiment ou leur pensée, et non pas un artifice ou un calcul.

Ceci me conduit à parler d'un procès récent et célèbre, sur lequel fort peu de personnes peut-être, ont osé dire leur véritable mot ; je dirai le mien.

Je ne connois personne dans Nantes et ses environs : les deux partis qui divisèrent cette commune me sont également étrangers ; je suis un peu plus démocrate que l'un ; je crois être moins emporté, moins ombrageux que l'autre ; j'ai suivi les deux procès qui les ont mis successivement en cause ; j'oserai attester que je me suis maintenu pur de toute espèce de prévention ; les impressions que j'éprouvois, et qu'à part moi, je recueillois à mesure, sont encore là ; c'est d'après elles que je vais parler.

Tronson, le *défenseur officieux* Tronson, semble fort irrité contre le *jugement rendu par le tribunal* révolutionnaire dans l'affaire de Nantes ; il en parle en termes excessifs. Sans doute, *ce tribunal* a condamné tous les prévenus? il a du moins condamné ceux que défendoit Tronson ? — Vous vous trompez. Ce *tribunal* a acquitté la presque totalité des prévenus, et les *cliens* de Tronson ne sont point au nombre des condamnés. — Ce n'est donc pas comme défenseur officieux que Tronom jette des cris ? — Non, assurément,

assurément ; mais ce n'est pas non plus en défenseur officieux qu'il avoit parlé dans cette affaire, quoiqu'il n'y eut demandé et obtenu la parole qu'à titre de défenseur officieux. —— Comment donc y a-t-il parlé ?——Belle question! Eh! mais, en condamnateur apparemment; vous le voyez de reste, puisqu'il ne peut dissimuler sa colère contre les jurés qui n'ont pas condamné. —— Mais, cela est inoui! que ne demandoit-il à être accusateur public dans cette affaire ? il l'eût obtenu peut-être ; car la faction qui paroît aimer peu la révolution et l'espirt révolutionnaire, avoit déja quelque puissance. —— Vous n'y entendez rien; il la servoit bien mieux en prenant le rôle de défenseur officieux; ses calomnies avoient plus de poids, elles inspiroient moins de méfiance. —— Il a donc calomnié la révolution et l'esprit révolutionnaire ? —— Il n'a pas fait autre chose.——Et qu'a dit le public? a-t-il paru entraîné?—— Le public du tribunal se prononce peu. Là, plus encore qu'en d'autres lieux, il est extrêmement circonspect et reservé, comme il est peut être convenable qu'il le soit (1),

---

(1) Ce qui ne veut pas dire assurément qu'on puisse approuver la grande manière e tles hautes menaces de monsieur Agier, lequel, dans au discours public, tel qu'on devoit en faire dans les beaux temps de la magistrature royale, a formellement déclaré à ses tranquilles auditeurs, qu'aussi long-temps que dureroit sa présidence, il *USEROIT de tout le pouvoir qui lui est DONNÉ* par ses nominateurs, contre les citoyens qui ne *conserveroient* pas l'immobilité servile et l'*absolu silence* qu'une assemblée d'hommes libres doit s'imposer devant les *PRÊTRES de la Justice*, *qui parlent au NOM de la Loi*. Il résulte même du discours de monsieur Agier, qu'*étant SUBITEMENT investi de ses fonctions*, *contre son vœu*, *par la voix impérieuse du PEUPLE*, *qui a rejetté toutes ses excuses*, il ne s'est déterminé à devenir *SACRIFICATEUR et VICTIME que pour DÉ-*

tant que ces audiences, nationales par leur objet, ne seront que des chambrées. — Mais enfin, tout réservé qu'ait pu être le public, il est dificile qu'il n'ait pas manifesté plus ou moins sensiblement sa pensée, par quelques indices; quel jugement en avez-vous porté? — On ne juge pas sur de simples indices, et je ne puis, à cet égard, rien dire de positif; mais, voici mon raisonnement. Pendant cinq mois entiers, l'opinion publique avoit été travaillée par toutes sortes de moyens, contre les membres du comité révolutionnaire de Nantes; les circonstances d'ailleurs, les préventions, les séductions, toutes les causes d'erreurs, d'entraînement, d'influence, se réunissoient pour les accabler; les débats, en outre, dans tout le cours des deux procès (l'affaire des 94, et celle du comité) avoient été conduits précisément dans ce même esprit de dénigrement et de proscription (1). On ne peut nier, d'autre part, qu'en général,

---

RACINER l'abus effroyable de *toute censure exercée par une portion du peuple, tellement nombreuse qu'on puisse la supposer; abus qu'il est décidé à ne pas souffrir, n'y voyant qu'un COUPABLE attentat contre la MAJESTÉ SOUVERAINE.*

(1) Il est certain que le procès des quatre-vingt-quatorze parut être une espèce de cérémonie publique, immaginée pour leur ménager un premier triomphe. Nul de ceux qui y ont assisté ne me dementira. C'étoit, au fond, le procès du comité qu'on vouloit faire, et non le leur. On s'étoit bien donné de garde d'y appeler en témoignage contr'eux ces démocrates Nantais que le parti populaire eut pu fournir en plus grand nombre encore que ne l'ont été les témoins présentés par le parti opposé contre les révolutionnaires. Seulement, et pour le service des séances, on introduisit successivement, à ce titre, neuf ou dix de ces mal-

ce qui se dit, se fait et s'imprime depuis environ trois mois, ne tende à contre-révolutionner les sentimens, et à dérévolutionner les pensées ; et cependant, le discours de Tronson, aussi calomniateur que contre-révolutionnaire, me parut faire peu d'effet, malgré la magie, je ne dirai pas du style, mais de la déclamation. J'ai cru pouvoir en conclure que le public, même celui de cette audience, étoit moins trompé qu'on ne le croyoit, et et sur-tout qu'on ne l'eut voulu. — Voilà qui va bien, quant au public, et c'étoit précisément ainsi qu'il lui convenoit d'improuver ; mais cette manière négative n'a pas dû être celle des autres défenseurs officieux ; cette censure muette eût été de leur part une *foiblesse* ; ils n'ont pas

---

heureux révolutionnaires, préalablement décriés avec une sorte de fureur, arrêtés depuis deux mois, traduits pour leur compte au tribunal ; et, à mesure qu'ils se présentoient, on les mettoit en quelque sorte sur la sellette ; ils y subissoient un interrogatoire tout à fait insultant ; on leur prodiguoit tous les témoignages de la défaveur, de la défiance, de la haine, du mépris : on les mortifioit en cent manières. On leur faisoit, l'une sur l'autre, les questions les plus captieuses ; on les répétoit ; on y revenoit éternellement, sans égard pour les explications déja données par eux : on n'ajoutoit foi à aucune. On les tordoit, on les dénaturoit, en un mot, on n'épargnoit envers eux aucun moyen d'embarras et de trouble. Il étoit visible, je le répète, que l'on poursuivoit dans cette première affaire, non les accusés qui étoient en cause, mais les témoins, que l'on faisoit poursuivre par les accusés eux-mêmes. Tout ce que disoient ceux-ci, passoit pour certain ; l'on ne croyoit à-peu-près rien de ce que disoient les autres. C'étoit bien la peine de les entendre en témoignage. Tel fut, en point de vue général, le tableau de cette procédure instruite *sur* les accusés *contre* les témoins.

du s'y borner. — Aussi ne s'en sont-ils pas tenus-là. et la diatribe en diffamation, que leur collègue appelle un plaidoyer de défense, a été sévèrement blâmé par eux; ils n'ont pas cru pouvoir tolérer cette manière nouvelle de défendre dans un tribunal, en calomniant la conduite et les principes des accusés, et de rendre purs ses *clients*, en déshonorant leur cause, et de les justifier en vouant à l'exécration et à l'opprobre, en anathématisant sans mission, sans équité, sans nécessité, sans pudeur dans le sanctuaire des loix, et devant leurs organes, les prévenus présens sur le sort desquels on alloit prononcer. Ils n'auront pas admis davantage, ils n'auront pas même voulu concevoir depuis, que le *premier devoir* d'un défenseur officieux, *dans un état libre*, ait pu être d'adopter, sans examen, sans donnée valable, les plus horribles récits; de tenir pour surs à l'avance, et sur la parole de dénonciateurs irrités, les faits, les circonstances des faits, les motifs, les intentions, le dernier but, la moralité passée et présente de ceux à qui on les impute; de se créer une opinion invariable avant l'ouverture des débats (1); de se porter, ainsi, garant, en quelque sorte, des plus abominables suppositions, et de se jouer, à la fois, de la conscience des jurés qu'on peut égarer, de la sainteté de son propre ministère que l'on profane, de la vie et de la mémoire des malheureux, que, dans son barbare orgueil, on appelle encore des MISÉRABLES (2). Enfin, ces *défenseurs* citoyens n'ont pas dû penser, et certainement ils ne voudront jamais croire, que chez un peuple, qui, depuis

(1) Voyez les observations préliminaires de Tronson.

(2) Voyez les observations préliminaires.

six ans, demande à l'imposture, à l'orgueil, à la cupidité, de lui permettre d'être raisonnable et libre; qui pour y parvenir, a tout hazardé, tout bravé, tout sacrifié, tout souffert; qui, dans ce moment encore, est en armes et debout sur toutes les frontières, contre les insolences et les insultes du dehors; qui sent bien, quoiqu'on lui puisse dire, que la gangrene intérieure n'est point encore amortie, et qu'il faut au moins en arrêter le cours; que chez un tel peuple, dis-je, *la première dette à acquitter par un orateur*, fut, ainsi que l'enseigne et le pratique Tronson, de copier, de grossir, d'envenimer, en les retraçant au pinçeau le plus noir, cés infames caricatures de nos malheurs ou de nos fautes, qui navrant et désespérant le patriote, font la joie, l'horrible joie de tous les ennemis de la liberté publique, et sont, peut-être, le plus puissant comme le plus familier de leurs moyens d'attaque contre la révolution et les francs-révolutionnaires.....

Non, Tronson, je ne crois pas du tout à votre patriotisme. Ces derniers mots, que le souvenir de ce que j'ai vu, fait en ce moment tomber de ma plume, comme d'eux-mêmes, ont certainement été le c.i intérieur de tous les autres défenseurs officieux. Aussi, n'ont-ils pas été dupes des artifices de ce méprisable jongleur. Ils ont fait leur devoir (1); et c'étoit là, sans doute,

(1) A l'exception d'un seul autre qui comme nous a déclaré Tronson, *a saisi son plan*. Le plan de Tronson! Je ne sais si, sous le point de vue principal, celui qui semble ici se qualifier de guide et de modèle, n'a pas été inspiré et conduit par l'autre. Au surplus, ils furent désavoués par leurs propres cliens pendant

une assez éloquente satyre de celui qui venoit de trahir solennellement le sien. — Ah ! cela soulage; il m'eut été trop douloureux, dans un procès dont tous les ennemis de la révolution vouloient tirer avantage, en puisant dans chacun de ses détails un moyen de la rendre odieuse, il m'eut paru désespérant de voir les défenseurs officieux pactiser en quelque sorte avec eux, et seconder leur vue.

Gloire leur soit rendue, d'avoir fidèlement accompli leur mission. Voila le véritable courage; celui qui, pour l'intérêt de la justice, brave la fausse honte et l'opinion régnante; au surplus, ils n'ont fait que ce que leur ministère vouloit qu'ils fissent. Mais, c'est quelque chose, sans doute, dans ce retour éphémère et triomphal de quelques idées de servitude et de corruption, de s'être maintenus dignes d'un ministère si touchant et si pur. Je n'en connois pas de plus respectable; un seul, peut-être, exigeoit plus de courage pour être dignement rempli dans une telle affaire; c'est celui de Juré..... Qu'ont fait les jurés ?..... leur devoir. Ils n'ont écouté que leur conscience, la vraie conscience; cette voix indépendante et pure, qui dit à l'homme de bien : meurs, s'il le faut; meurs dans l'opprobre, s'il le faut encore; mais ne condamne pas l'innocent; restes inaccessibles aux fureurs de la haine, aux séductions de la malignité, aux préventions de l'igno-

---

et après leur plaidoyer; chacun put l'entendre; et le lendemain, à l'ouverture de la séance, *Vicq* et *Louis Nau* firent remettre au président deux lettres franches et naïves, où ils exprimoient formellement ce désaveu, principalement motivé sur ce qu'ils n'adopteroient jamais pour moyens de défense des calomnies contre leurs co-accusés.

rance, au ruses de l'intrigue, à l'entousiasme de la crédulité.... Meurs s'il le faut, meurs dans l'opprobre; mais, n'envoie pas à l'échafaud celui qui n'a pas mérité le dernier supplice.

Le voila, dans toute sa sublimité, le cri de dévouement du juré courageux et pur. Et certes, ils ont écouté ce cri, les jurés du tribunal révolutionnaire sur la déclaration desquels le jugement a été rendu. Et voila, cependant, ce que le condamnateur Tronson appelle le *fruit de l'intrigue*, le *mystère honteux*, le *scandale odieux et criminel qui termine un procès épouvantable*, &c. &c. &c. Certes, il n'y a d'odieux ici que l'impudeur d'une telle décision . . . . Je l'avoue cependant avec vous, Tronson, un *scandale* horrible a souillé la fin de ce procès, qui déja lui-même, au fond et dans la forme, étoit un long et assez grand scandale. Ce *scandale* de ces dernières journées, le voici. — Un homme, à l'origine même de l'*épouvantable* procès, dans les premiers momens de cette lutte monstrueusement inégale et barbarement prolongée, se présente dans l'arêne. Sa voix devient mielleuse; son regard, qu'il s'efforce d'adoucir, paroît un moment moins affreux; il compose son front, ses traits, ses manières; on le croiroit modeste et bon; il consulte tout le monde; il ne veut entrer en scène et y prendre un rôle qu'avec l'agrément et en obéissant au conseil de tous; il parle aux assistans, aux jurés, au juges, aux accusés eux-mêmes; il leur tend, à ces accusés, il leur tend avec perfidie une main qui semble protectrice. Hélas! il ne veut que les égorger. Il ose revêtir le caractère saint de défenseur en portant au cœur une haine sacrilège. Pendant soixante jours, il déguise ses projets, médite ses attaques, prépare ses coups . . . Le soixantième jour, je l'ai vu, oui, je l'ai vu, il les a longuement poignardés. Dites, Tronson, connoissez-vous cet homme ?

Un autre scandale moins odieux, mais plus funeste, ou du moins plus menaçant, suivit d'abord ce procès. Ce *scandale* ne fut pas, comme vous osez le dire, *dans le jugement que rendit le tribunal*, mais il fut dans le décret, visiblement surpris, de flétrissure et de proscription, qui cassa (1) le tribunal et son jugement ; ce décret, au moins dans l'intention de ceux qui circonvinrent et trompèrent les législateurs, paroissoit être la sentence de condamnation de ceux qu'on venoit d'acquitter, et le brevet d'infamie des jurés et juges qui les avoient acquittés.

Passons bien vîte sur ce décret dont tout le tort est imputable à ceux qui surprirent la religion de Lecointre et de quelques autres de ses collègues, par de faux exposés ; mais cherchons à découvrir ce qu'on aura pu leur dire pour les jeter ainsi hors de toute mesure (2) et leur inspirer contre ce jugement une colère si vive et de si extraordinaires préventions.

---

(1) C'est le mot, puisque c'est la chose.

(2) Je ne conçois rien de plus essentiellement inviolable que la conscience du juré ; celui qui oseroit tenter de la forcer, déceleroit ou cet excès de tyrannie, ou ce genre de frivolité pour qui rien n'est sacré. La conscience du juré est le sanctuaire vivant de la liberté ; elle y est impérissable ; elle doit même s'y maintenir inaccessible : si elle pouvoit y être attaquée, elle n'auroit plus d'asyle sur la terre.

Et pour cela, cherchons le pire dans l'affaire du comité Nantais, arrivons tout de suite au point le plus noir, présentons-le comme nous le donnent les Tronson et autres calomniateurs de cette force, ne craignons pas d'offrir ici la substance entière et tout le fond de logique de ces messieurs. Je laisse à l'écart, comme de raison, cet insipide amas de mensonges odieux ou frivoles, tous ces dégoûtans recueils de sottise ou de haine, journellement offerts à la crédulité naïve. Je vais au fait; je veux saisir leurs conclusions. Tout ce qu'ils ont daigné mêler de raisonnement à tant d'inventions méchamment puériles, se réduit aux propositions que je vais énoncer, c'est le résumé de leur jurisprudence et de leur dialectique. Le voici. — Des assassinats ne sont jamais utiles. — Des assassins sont toujours des assassins. — Par conséquent les prévenus, accusés par leurs ennemis d'avoir réellement assassiné, doivent être condamnés comme assassins.

Première réponse, en supposant les faits constans. — De ce que le fait est constant en soi, il ne s'en suit pas du tout qu'il ait le caractère d'un assassinat; ce n'est pas le matériel d'une action qui la caractérise dans l'esprit du juré, c'est sa moralité; or, sa moralité est toute entière dans le motif, dans les intentions, dans les dispositions de celui qui agit, dans le but vers lequel il tend. Laissez donc là, sur-tout dans une telle cause, cette sécheresse et cette généralité de maximes au moyen desquelles, en procédure réglée et conformément au code, vous traîneriez à l'échafaud tous les citoyens qui, dans les crises révolutionnaires et dans les bouleversemens des guerres intestines, jetés par le hasard ou par leur zèle, ou par le choix du peuple, au milieu des plus terribles et plus difficiles circonstances, ont eu le courage de faire ce que ces circonstances même et l'intérêt du peuple leur commandoient de faire.

Seconde réponse, en supposant encore les faits constans. - Puisque, de votre aveu, *des assassinats*, de véritables *assassinats ne sont jamais utiles*, vous pensez aussi qu'il ne sauroient être, en aucun cas, nécessaires ou justes. Cela posé, vous ne pouvez qualifier d'assassinats, les mesures ou représailles, à l'exécution desquelles les *acquittés* peuvent avoir participé, qu'après vous être bien convaincu qu'elles n'étoient, dans les circonstances, ni justes, ni indispensables, ni utiles. Ce n'est pas tout encore, et en supposant qu'un examen impartial, approfondi (qu'aucun de vous n'a fait ni voulu faire), vous eût donné ce dernier résultat, il ne s'en suivroit pas du tout que vous puissiez équitablement en induire, que les prévenus fussent des *assassins*. En effet, ce n'est pas selon votre *sensorium* qu'il ont pu et du agir, mais selon le leur; car c'est à sa propre conscience que chacun est comptable. Sans doute ils n'auront pas raisonné aussi froidement que vous, ni apprécié les choses avec autant de loisir et de tranquillité; et peut-être, à cause de cela même auront-ils mieux senti et plus sainement résolu. Mais, en toute hypothèse, il suffiroit, pour leur parfaite *disculpation*, qu'ils eussent sincèrement estimé que ce qu'on leur commandoit d'exécuter, ou ce que d'eux-mêmes ils délibéroient de faire étoit juste, ou indispensable, ou essentiellement utile à la chose publique; et, dans le cas même, où cette utilité, moins nettement apperçue, moins sensiblement démontrée, ne les eût pas délivré de toute incertitude, il faudroit encore, en bonne justice, chercher à découvrir comment, par quels motifs, par quelle autorité, et avec quelle force, ils ont pu être aveuglés, entraînés séduits, exaltés, contraints... Or, toutes ces obscurités qu'on doit chercher à pénétrer; toutes ces inconnues qu'il faut évaluer avant de se hasarder à prononcer dans une affaire de ce genre, et sur des faits de cette nature; je parierois bien qu'elles n'ont pas été un seul instant l'objet des recherches ou le sujet des méditations de ces folliculaires qui, sur la foi de dénonciateurs suspects, ni de ces déclamateurs passionnés, qui, sur la foi des folliculaires, tiennent, depuis si long-temps, les malheureux membres de ce comité proscrit, dans le bourbier de l'opprobre, et sur le réchaud toujours brûlant de l'exécration.

Troisième réponse, en déclarant à ces messieurs ce ce qu'ils savent très-bien, que les faits ne sont pas constans. — Je ne parle pas des faits tels que les présentoit l'acte d'accusation, qui est bien ce qu'on a jamais écrit de plus fabuleusement emphatique, de plus calomnieux et de plus lâche; mais je parle des faits tels qu'ils sont réduits, et insidieusement aglomérés, dans les questions soumises à l'examen du juri. Cela fut bien senti; cela ne pouvoit manquer de l'être. On assure que plusieurs jurés vouloient, sur tous, demander la division et une rédaction plus franche. L'on craignit de trop fatiguer le public et les juges déja épuisés par une séance de onze heures (elle avoit été reprise à cinq heures du soir, et il étoit alors quatre heures du matin), qui venoit à la suite de soixante autres séances consécutives; on eut tort, je pense, de ne pas insister. Si j'eusse été juré de jugement dans cette affaire, j'aurois fait observer, sur la question de fait, première et générale, que, dans son ensemble, dans l'espèce, et par son caractère propre, elle ne sortoit pas de la plainte, et n'étoit pas le produit des débats; qu'elle étoit repoussée par la nature même, et le genre des torts qui seuls pouvoient paroître rester encore à la charge des accusés; qu'ainsi posée et rédigée, elle préjugeoit l'intention; que, dans ses détails, elle offroit des imputations non établies, même calomnieuses, répétées avec acharnement, détruites avec évidence et simplicité; que, si telle de ces affreuses suppositions qui, d'après les débats n'étoit pas même spécieuse, avoit pu être colorée avec un art assez infernal, pour être réputée une réalité, elle eût étouffé, dans tout bon esprit, l'idée de la peser à la balance de la question intentionnelle; qu'il devoit donc sembler étrange qu'on présentât d'abord une telle question de fait, pour arriver ensuite à la recherche d'une intention qu'on n'auroit plus le droit de déclarer innocente; que, si ce nétoitpas là un piège tendu aux jurés, ce qui seroit affreux à penser, c'étoit au moins une bien étonnante distraction, dans un arrangement de phrase, dans une contexture de propositions complexes, qui pouvoient envoyer à l'échafaud trente-trois prévenus.

Ces observations faites, et ne cherchant point à décider s'il y avoit là, précipitation ou perfidie, j'eusse persisté à demander que la question fût divisée. — Les jurés, dans l'excès de leur confiance, dans cet abandon si naturel de la franchise et de la bonne foi, n'ont pas assez regardé où tendoient et où les conduisoient les dispositions, et le résultat de cette première question. Parfaitement éclairés sur tout le fond de l'affaire, par leurs réflexions et de très-longs débats, leur conviction étant bien formée sur le degré de culpabilité de chaque prévenu, ils ont trop légèrement cru peut-être qu'il n'y avoit pas d'inconvénient à laisser passer la question de fait, en se contentant d'y apporter quelques modifications et exceptions qui, je l'avoue, ont pu sembler insuffisantes.

Cette première condescendance a entraîné toutes les autres du même genre, et chacune des questions de fait particulières, applicables à l'un des prévenus, a passé comme la première, seulement et toujours au moyen de quelques éliminations et restrictions énoncées par divers jurés. Tout cela n'étoit peut-être ni complet, ni bien précis, et ne faisoit pas disparoître du prononcé du jugement toute trace d'une apparente contradiction : c'étoit une tache qu'il n'eût pas fallu y laisser. On devoit bien sentir que, dans une telle affaire, elle n'échapperoit pas à la malignité de l'esprit de parti. On a vu ce qu'il sait faire, et quel odieux avantage il a tiré de cette inconsidération.

Il est digne de remarque, au surplus, que, dans les notes communiquées aux journaux, chargés de suivre contre le comité de Nantes, cette noble guerre de diffamations et de calomnies, on a vraisemblablement supprimé la presque totalité des modifications et restrictions, dont je viens de parler, ils n'en rendent pas compte. La déclaration des jurés, sur des faits qu'ils avoient ou adoucis, ou rejetés, y est énoncée en formule absolue et positive, ce qui la fait paroître incompatible avec leur réponse sur la question intentionnelle. Ces officieux journalistes semblent appelés à tuer une seconde fois dans l'opinion le comité proscrit, et avec lui, pour cette fois, des jurés *sanguinaires*, qui n'ont pas voulu assassiner, des jurés, *lâches protecteurs du crime*, qui bravent la mort et la fausse honte pour le salut des opprimés, fort peu touchés d'ailleurs de la patriotique candeur des libelles, du bon sens des grouppes, de l'impartiale et profonde équité des cafés et des tripots, insensibles même aux saintes fureurs de ces républicains nouveaux nés, enfantés à la vraie démocratie du 12 thermidor, et des 19 et 21 brumaire, adorateurs et véritables soutiens du peuple, ne calomniant et n'égorgeant que le penple et ses amis. C'est à de si respectables autorités, que des *jurés* non moins *audacieux qu'infâmes*, ont osé résister pour rester fidèles à leur conscience et à la justice. — Je ne sais pas précisément quelle eût été mon opinion, sur ces divers prévenus, si j'avois été au nombre de leurs jurés : n'ayant pas cette mission, n'ayant point étudié l'affaire avec le soin que j'y eusse apporté, s'il m'eut fallu donner une décision; n'ayant pris aucune note, il m'est impossible de reconnoître la situation d'esprit qu'eût produit une telle étude, et de m'y placer en ce moment; mais si je disois que ce jugement, si violemment attaqué, n'a point étonné mon opinion, je ne dirois que ce que m'a donné peut-être le droit de dire ma constante assiduité, et mon attention suivie à de très-longs débats, que j'ai regardés et écoutés, là précisément où il faut le faire, pour les entendre et les bien voir, sur le champ de bataille, à tous les momens du combat.

Quant à ceux qui, hors de cette scène, où s'élaborent tous les élémens d'une véritable opinion, loin de ce mouvant tableau, si varié, si expressif, même dans ses nuances les plus fugitives; sans connoissance personnelle de cet ensemble de choses, dont aucun récit ne peut rendre tous les détails, même approximativement, et que tous les journaux altèrent et défigurent, viennent cependant vous parler de leur opinion sentie, véritable mot de l'esprit et de l'ame sur les faits, les circonstances des faits, les intentions, les personnes; je les admire assurément, mais je voudrois être bien sûr qu'ils ne sont pas des imposteurs ou des visionnaires; n'est-ce pas être l'un ou l'autre en effet, que de tenir tout ce résultat, sans avoir vu ni entendu : ils affirment ce qu'ils ne peuvent pas savoir; ils apprécient ce qu'ils n'ont pas eu les moyens de connoître; en un mot, ils offrent comme expression de leur pensée, comme sentiment de leur conscience, ce qui n'a point de réalité, ce qui n'est qu'illusion ou mensonge, œuvre de haine ou de folie.

Comment au reste a pu s'établir cette opinion affreuse, et, pour me servir ici de l'expression d'un des défenseurs officieux, cette *horrible célébrité* qui poursuit le comité de Nantes? Je crois pouvoir l'expliquer.

On ne peut se dissimuler que le comité révolutionnaire de Nantes étoit poursuivi de longue main et persécuté avec acharnement. Dans le nombre de ses persécuteurs, il s'en trouvoit qui avoient beaucoup d'esprit; d'autres sont habiles, plusieurs sont riches, quelques-uns puissans; il en est même qui réunissent tous ces moyens d'influence : il ne leur fut pas difficile, dans cette ville immense, d'entraîner une assez forte masse de citoyens qu'ils animèrent de leur propre haine et de toutes leurs préventions. Ceux-ci, à l'époque où commença le procès des quatre-vingt-quatorze, étoient déja préparés par des ressentimens personnels, plus justes peut-être et qui sembloient se confondre avec ceux qu'on leur inspiroit. L'esprit du moment y aidoit encore; les circonstances ne pouvoient être plus favorables; on y cherchoit, dans cette affaire, et l'on croyoit y voir une occasion nouvelle de vouer à l'opprobre, un moyen de plus d'étouffer dans l'ignominie et l'exécration cette doctrine de sang, ce système de persécution, d'asservissement et de ruine qui, pendant cinq mois, déshonora et décima dans ses foyers ce peuple, ce même peuple qui se couvroit de gloire sur toutes ses frontières : c'en étoit assez pour lier à la cause des quatre-vingt-quatorze la généralité des citoyens ; ce n'est pas que les patriotes observateurs ne les eussent appréciés. L'on voyoit assez que c'étoit là, à une très-faible exception près, le parti des messieurs ; que les démocrates de Nantes, les sincères amis de l'égalité les avoient en effet désignés comme suspects ; que plusieurs étoient justement accusés, les uns de royalisme, ceux-ci de fédéralisme, d'autres d'une aristocratie plus ou moins prononcée, et qu'il n'y en avoit peut-être pas six qui fussent sincèrement *démocrates* et qui voulussent la république véritable, celle du peuple et de l'égalité. Mais on étoit si honteux de l'abominable excès où nous avoient plongés quelques scélérats qui en parloient sans cesse ; qu'on vouloit en sortir promptement et faire oublier bien vîte le terrorisme et ses fureurs. D'autre part, les patriotes moins attentifs et les aristocrates de toute nuance poussoient encore plus fortement à la roue dans le même sens ; les premiers, pour couvrir et effacer les maux affreux qu'on nous avoit faits au nom de la justice, de la vertu, de l'intérêt prétendu de la révolution ; les autres, pour bien faire ressortir, pour mettre tout-à-fait à découvert ces maux-là mêmes qu'ils imputoient à la révolution et à ses vrais amis. De tout cela résultoit naturellement une tendance commune très-favorable à la cause des quatre-vingt-quatorze ; aussi ne s'éleva-t-il aucune réclamation lorsque le tribunal les acquitta et les

mit

mit tous en liberté. Les aristocrates y applaudirent comme à un nouveau triomphe ; les patriotes trop confians, comme à un acte éclatant de justice; les patriotes éclairés, comme à une réparation : ils sentoient bien que, révolution tenante, ces Nantais ne méritoient pas tous d'être remis en liberté, et que très-peu auroient dû l'être avec tous les honneurs de la bataille. Mais on se tut là-dessus, par générosité. Les quatre-vingt-quatorze n'ont pas, à leur tour, fait preuve de cette vertu ; quelques-uns n'ont pas voulu même être justes ; ils se sont montrés ennemis irréconciliables ; ils ont horriblement travaillé l'opinion publique contre les membres du comité, déja malheureux, cruellement opprimés et traduits devant le tribunal où eux-mêmes venoient d'être si honorablement acquittés sur les dépositions de ces mêmes individus qui les avoient extrêmement ménagés. Eux, au contraire, en tout lieu et par toute sorte de moyens, ont fait naître et soigneusement fomenté un esprit d'erreur et de rage, une indignation aveugle, une soif trompeuse de fausse justice qui rendit en quelque sorte impossible le triomphe de la véritable. Ils ont paru vouloir tuer leurs adversaires dans l'esprit de la nation, pour que le juri national, n'osant pas leur conserver la vie, les condamnât par surprise ou par foiblesse. Ils ont voulu faire, sans pitié, sans courage comme sans risque, cette guerre à mort à des ennemis terrassés. N'osant pas être témoins à charge (1), ils ont au moins fourni la liste et fait l'éloge

(1) Je me trompe, plusieurs l'ont osé ; et l'observateur attentif a pu voir avec quelle impartialité. On assure que ces témoins si délicats composent aussi, du moins en partie, ces députations qui se présentent à la barre de la Convention nationale, au nom

de toute cette armée de témoins irrités, suspects et reprochables à bien des titres, qu'on a fait venir à grands frais et de toutes parts pendant trois mois consécutifs, consumés dans les préparatifs ou l'action de ce déplorable combat.

Observez encore qu'antérieurement à tout ceci, quatre mois juste avant l'ouverture de la grande et triste crise, dès le 25 prairial (époque de l'arrestation et de la mise au secret de tous les membres du comité, séparément et sans communication entr'eux, &c.), on avoit placardé tous les murs de Nantes et des autres communes du même département, d'une affiche accusatrice portant appel et invitation à tous les citoyens de venir grossir, par leurs imputations, l'amas de charges que l'on vouloit élever contre ce comité. Non, jamais il n'y eut un plus formidable plan de campagne judiciaire; et tout cela, d'une part, pour satisfaire des aristocrates et des fédéralistes qu'on avoit je ne sais quel intérêt de ménager; et de l'autre, pour sauver ce qu'on appelle trop improprement l'honneur de la représentation nationale, en faisant bien vîte égorger (rien n'étoit plus facile alors) un comité qui auroit ainsi disparu, chargé de tout le poids de honte et de haine que d'autres avoient mérité de porter, du moins dans ce qu'elle avoit de juste et de fondé; car si quelques atrocités gratuites la justifioient

---

de la commune de Nantes, avec mission de solliciter une seconde mise en jugement des citoyens légalement acquittés, à une grande majorité, après soixante-deux jours de séances consécutives, où près de trois cents témoins à charge ont été entendus, et à-peu-près aucun à décharge.

en partie, elle avoit aussi son excès moins révoltant, sans doute, que les barbaries qui la motivoient.

A présent, je le demande, est-ce bien l'esprit de justice qui anima les dénonciateurs du comité révolutionnaire? n'est-ce pas au contraire et bien évidemment l'esprit de vengeance et de machiavélisme? Je demande ensuite, à tous ceux qui ont suivi les débats, si l'amour de cette même justice et de la liberté éclata souvent dans les dépositions de cette foule de témoins à charge, qui, pour la plupart, avoient justement subi le joug et reçu le coup de ces loix de rigueur, de ces mesures révolutionnaires que les accusés n'avoient pu se dispenser de mettre à exécution. Ne voyoit-on pas, au contraire, percer dans leurs dépositions la haine contre la révolution et les révolutionnaires? Plusieurs d'entre ces dépositions ne sembloient-elles pas être les fruits amers d'un ressentiment implacable et des moyens personnels d'attaque contre l'ennemi qu'on vouloit perdre?

Le bien public et l'humanité dont on parloit tant, étoient-ils pour quelque chose dans tout cela? Non, bien évidemment. Le tribunal ne devoit-il donc pas quelque méfiance à des témoins, dont les dépositions avoient, plus ou moins distinctement et fortement, un caractère aussi suspect? N'a-t-il pas dû sentir qu'il seroit inique de laisser ainsi déverser sur les agens fidèles et dévoués de la révolution, la bile et le fiel de tous les mécontens qu'avoient pu faire des mesures jugées indispensables, par la Convention nationale qui les décréta, ou par les représentans du peuple sur les lieux, qui les ordonnèrent? Et cependant, j'ai souvent cru voir que ces dépositions, accueillies, encouragées, félicitées, commentées, amplifiées, étoient en quelque sorte reçues comme des oracles, maintenues comme articles de foi, ramenées sans cesse, et citées à titre de faits constants aux débats, malgré leur invraisemblance et leurs contradictions entr'elles, et en dépit des dénégations formelles, ou des explications et réfutations présentées par les accusés, dont les réponses étoient fréquemment interrompues, dénaturées, repoussées, écartées, réputées nulles. J'en ai dit assez pour tout rappeller à ceux qui ont vu; j'en ai déja trop dit peut-être à ceux qui n'ont pas vu; ils me supposeront exagérateur, quoique, sur ce point, j'aie tout adouci. Mais une chose que je ne puis m'empêcher d'ajouter, c'est que, dans le cours et le mouvement habituel des débats, celui qui en avoit la conduite, paroissoit oublier trop souvent ce que fut notre révolution, ce qu'elle étoit à l'époque où le procès nous reporte, ce qu'elle dut être sur-tout dans les lieux où il nous ramène; méconnoître en quelque sorte l'esprit fanatiquement et royalement contre-révolutionnaire de ces départemens insurgés; ignorer combien fut opiniâtre, meurtrière, atroce, frénétiquement exécrable la guerre que nous firent ces brigands et leurs souteneurs; effacer de sa mémoire comme le souvenir d'une fable ou d'un vain songe, la longue suite d'arrêtés, de proclamations, d'adresses, de délibérations, d'ordres, de décrets, de loix et de mesures, toutes jugées indispensables et bonnes alors, toutes révolutionnaires, urgentes, extrêmes, ainsi que l'étoit l'esprit public de ce temps, le régime administratif de ces contrées, le système connu et avoué de cette guerre; et conséquemment à ces nombreux oublis, ce directeur des débats, nous parlant de la déclararion des droits, de la constitution, de l'horreur du sang, do l'amour fratsrnel, du respect des propriétés et des personnes, des maximes mêmes du savoir-vivre et de la civilité, sembloit vouloir juger les œuvres révolutionnaires de ces agens de la révolution, d'après les règles ét les formules d'un état régulier de paix et d'ordre, et sur les principes de cette humanité tendre, de cette justice douce, qui inspire à un président sur son siège les plus belles phrases du monde, mais qui, dans la fièvre d'une crise révolutionnaire, et dans les tempêtes d'une guerre civile, eut livré l'opinion publique aux empoisonneurs, le peuple aux traîtres, la puissance nationale aux révoltés, la république aux fureurs de leur rage, et à l'opprobre de leur exécrable domination.

N'est-il pas sensible d'ailleurs, que pour juger sainement un homme quelconque, et sur-tout un homme public, d'après ses discours, ses déterminations, sa conduite, il faut se transporter en esprit sur le théâtre de ses opérations, et s'y entourer de toutes les circonstances, de toutes les influences, de tous les ascendans, sous lesquels et au sein desquels il a du penser, parler et agir? Ce que je dis là est incontestable dans tous les cas, et l'est plus évidemment encore dans une crise révolutionnaire où tout est urgent et impérieux, et dans les orages des guerres intestines où tout est violent et forçé. Si l'on s'écartoit de cette sage et salutaire maxime, voyez dans quel abyme on tomberoit inévitablement! Ne faudroit-il pas à la fin de chaque crise, envoyer à la mort par un seul et même arrêt, quiconque, pendant sa durée, n'eut pas été rigoureusement nul, ou dans les rangs des opprimés? Et, dans Paris même, centre de tous les pouvoirs, de tous les moyens, de toutes les lumières; à Paris, où rien ne sembloit devoir, comme à Nantes, excuser, ni produire de honteux et d'affligeant excès, n'a t-on pas vu pendant plus de quatre mois, à l'ordre constant de tous les jours, des cruautés plus froidement horribles, plus tranquillement sanguinaires, plus scandaleuses, plus insolemment atroces, que tout ce qui a véritablement eu lieu à Nantes? Eh bien! penserez-vous que tous les agens judiciaires, militaires et administratifs, que toutes les autorités révolutionnaires secondaires et subordonnées, que les comités de gouvernement, que la Convention nationale, que le peuple lui-même, qui a tout vu, tout souffert, tout appuyé soient responsables de ces désolantes horreurs dont eux-mêmes ils ont tant souffert, et secrétement gémi? Non, sans doute, on a signalé les vrais coupables, par qui et pour qui tout se faisoit.... Ils ne sont plus. Si l'on en reconnoissoit quelqu'autre, s'il étoit également convaincu, le glaive de la justice nationale le frapperoit aussi.

Ce principe fondamental de la justice publique me paroît avoir été la base des diverses opinions du jury, dans l'affaire du comité de Nantes. La majorité des jurés n'a vu que trois coupables parmi les prévenus; il n'en a même vu qu'un (1), sous le rapport essentiel de ce procès, et dans le grand intérêt qui y étoit débattu; il n'a pas dû condamner les autres.

Ce jugement, à la fois austère et généreux, devoit

---

(1) Car les deux autres, Picard et Grand-Maison, n'ont pas été condamnés à titre d'agens dans les mesures révolutionnaires, mais pour des faits indépendans et criminels en soi, qui leur sont personnels : cela est évident pour tout homme qui a bien suivi les débats.

affliger ou étonner toutes les espèces de dupes, mécontenter, et soulever toutes les espèces d'hommes excessifs. — Il en est sur-tout qui, nous parlant beaucoup aujourd'hui de leur prétendue horreur du sang, ayant quelque regret peut-être à celui que d'autres ont fait répandre, mais insatiables, à leur tour, de nouveau sang qu'ils voudroient voir couler, ne pardonneront jamais aux jurés d'avoir acquitté des patriotes révolutionnaires, énergiques, dévoués, restés pauvres, horriblement calomniés, implacablement persécutés, ayant toujours voulu faire le bien, à leur risque et sans profit, mais que des circonstances difficiles, des extrémités déplorables, la réunion des plus désastreuses fatalités, et le torrent de toutes les opinions dominantes, comme de tous les exemples imposans, entraînèrent une seule fois, et parurent égarer, non pas dans leurs motifs et dans leurs vues, qui restèrent bons et purs, mais dans les moyens qu'on leur commanda d'employer.

Que faut-il conclure cependant du soulèvement de nos hypocrites d'un nouveau genre, et de leurs cris de rage contre le *scandale* de ces *déclarations* qui ne versent pas le sang? On pourroit en conclure que, si ces messieurs avoient eu voix dans le jury, ils n'auroient pas été de l'avis de ceux de ses membres qui ont fait acquitter; j'en conviens, et j'en félicite la majorité des jurés. Qu'en conclure encore? C'est que des jurés qui se pénètrent bien des obligations de leur ministère, et les remplissent avec une courageuse impartialité, courrent l'honorable risque d'irriter la haine, et d'étonner la foiblesse. J'en conviens encore, et, pour cela aussi, je les félicite et les honore.

Mais je reviens à ces infortunés prévenus, attaqués

en face de la justice pendant soixante journées consécutives, par une phalange d'ennemis acharnés à leur perte, appelés témoins cependant, et qu'il falloit bien se résoudre à prendre pour tels, puisqu'ils étoient assignés à ce titre : je reviens, ai-je dit, à ces infortunés proscrits, journellement abreuvés du venin de toutes les plumes et de de toutes les langues, accablés par une opinion factice, soigneusement élaborée, ayant contr'eux toutes les préventions, au sein du tribunal lui-même, sans intrigues d'ailleurs, sans appuis extérieures d'aucun genre, dénués de tout, séparés de tout, seuls avec leur innocence et la conscience des jurés, et triomphant enfin par le simple accord de ces deux choses qui, en effet, ne sont qu'un seul et même moyen de salut, et je demande quel pouvoit être le but de cette épouvantable agression; je me demande encore, qui prenoit soin d'accumuler ainsi les calomnieuses abominations, sous le poids desquelles ils alloient succomber; je me demande enfin, comment il se fait que l'on ait si facilement cru des monstruosités si peu croyables.

Cela ne seroit peut-être pas très-difficile à expliquer, mais cela seroit trop délicat à énoncer ; on ne le supporteroit pas; on ne voudroit point l'entendre. Nous n'avons point encore perdu cette habitude d'irréflexion et d'engouement qui fit presque tous nos malheurs publics ; la répétition fréquente des plus tristes leçons en ce genre, ne paroît pas nous avoir changé. Nous passons rapidement d'un entêtement frivole et funeste à un nouvel entêtement, et naturellement portés vers l'un ou l'autre excès, ne voulant jamais occuper, ni reconnoître le milieu qui les sépare, nos premiers besoins, si je puis ainsi parler, semblent être de nous créer une marotte, d'adopter une chimère, et de recevoir, ou plutôt, à notre insçu, de suivre des guides.

J'ignore quels sont ceux qui nous entraînent aujourd'hui, et c'est même là une chose que je n'ai jamais su voir en aucun temps; mais je vois que, profitant d'une réaction qui, pour avoir été bonne et heureuse en soi, n'en a pas moins, comme tout dans la nature, ses dangers, ses abus, ses excès, ils nous mènent rapidement, non par des sentiers obscurs et détournés, mais à découvert et par la grande route, à l'extrémité opposée; de telle sorte que le parti semble pris de couler à fond l'esprit révolutionnaire et les maximes de la démocratie, en les décriant publiquement et à son de trompe, comme des monnoies qui ne doivent plus avoir de cours.

Les maximes de l'aristocratie, au contraire, et la mémoire des *conspirateurs qui ont payé leur* TRAHISON *de leur tête* (comme le dit très-sensément Fréron) sont plus que jamais honorées, et *ces* conspirateurs eux-mêmes *sont d'illustres victimes* dignes de nos éternels regrets, comme le dit moins sensément Mercier.

Et puisque Mercier arrive là si naturellement, je le prie de nous répéter quelques-unes de ces phrases si édifiantes que l'on débite sur la révolution, dans la Tribune des hommes libres (1), depuis qu'il a bien voulu s'y asseoir. — *Je hais les hommes, parce que j'ai vu cette révolution . . . . elle est un long cours de dé-*

---

(1) C'est le nouveau titre que monsieur Mercier vient d'ajouter aux quatre titres que portoit déja le journal dont il se déclare le seul et nouveau rédacteur.

mences et de fureurs . . . . l'histoire en est si effroyable, qu'un jour elle ne paroîtra que le roman calomnieux de la nature humaine . . . Son véritable résultat (toujours de la révolution), *c'est du sang, des pleurs, un deuil universel, le sol de la France nud et dépouillé*, &c. &c. &c.

En voilà bien assez, citoyen Mercier, en voilà trop peut-être : calmez-vous, reprenez vos sens, et lisez le dernier plaidoyer de Tronson. Ce n'est pas qu'au fond son opinion soit fort éloignée de la vôtre; mais il la déguise mieux; et pour la faire passer, il la présente avec plus de ménagement. Vous y trouverez d'ailleurs, relativement à cette insurrection du 31 mai et jours suivans, que vous appréciez avec un discernement exquis, à cette insurrection que la foule des bonnes gens avoit trouvé, plus qu'aucune autre, grande, paisible, imposante dans son mouvement et ses formes, comme elle étoit devenue urgente et indispensable dans son objet, comme elle fut légitime et sacrée dans son but, utile et pure dans ses grands et mémorables effets; mais que vous dénoncez, vous et quelques autres esprits supérieurs, à l'éternelle exécration de la postérité, qui même, dites-vous, *refusera d'y croire*; vous trouverez, dis-je, dans l'écrit de Tronson, à-peu-près tout ce qui peut vous contenter en ce genre, et de plus, une phrase tout-à-fait rassurante : c'est que si, depuis cette époque, tout n'offrit plus en France qu'un mélange horrible d'extravagances et d'horreurs, *le règne des vrais patriotes commence enfin*, il *commence aujourd'hui* pour durer à jamais, sans erreur, sans excès, sans *rétrogradation;* et l'honneur, comme il le dit encore, en sera dû sur-tout aux fédéralistes de Nantes et au club dit de la Halle, *qui ont crié vengeance !*

Assurément le mot est naïf. *Vengeance! s'est écrié le peuple de Paris*, tant est grande quelquefois la bonhommie du peuple Parisien ! *Vengeance ! a répété tout le peuple Français.* Cette dernière supposition est forte, assurément, mais elle n'en est que plus oratoire, et puis un peu de machiavélisme et beaucoup d'effronterie ne sauroient gâter une aussi bonne cause.

Remarquez bien que ces trois *cris*, jetés par le défenseur des accusés dans les premières pages de cette étrange défense, y sont placés précisément comme il falloit qu'ils le fussent pour retourner contr'eux, et viennent immédiatement à la suite du paragraphe qui les qualifie de *coupables indiqués*, paragraphe où l'on fait refléter sur eux, dans son *horrible* éclat, *le spectacle, l'immense perspective de ces barbaries dont l'histoire, jusques ici, n'a appartenu qu'aux peuples sauvages.*

La vérité sur le plus grand nombre de ces peintres-copistes d'infamie et d'horreurs, c'est qu'ils se plaisent à noircir et surcharger encore des tableaux déja trop noirs par eux-mêmes et trop chargés. La vérité, c'est qu'ils ont grossi de beaucoup de fables atroces et de circonstances affreusement controuvées, ce qui, dans l'exactitude des faits, pouvoit, ce semble, leur paroître assez révoltant. La vérité, c'est que dans ces longues galeries de peintures, retracées, nous dit-on, par les pinceaux de la franchise et de l'humanité, on sent par-tout la touche et le faire d'une haine exaspérée, les altérations nombreuses de la sottise et de la mauvaise foi.

Je veux, nous dit Tronson, *vous retracer avec détail ces épouvantables horreurs*; . . . . je veux *ranimer les victimes et vous les peindre sous les coups des bourreaux*; . . . . je veux *vous faire entendre leurs gémissemens*, *leurs cris de douleur*, *les accens de leur désespoir* ; . . . je veux *amonceler dans nos ames toutes les atrocités*, parce que *le volcan d'indignation ne doit jamais s'y éteindre*, &c. Et en effet, il tient parole. Assurément, je n'ai garde de copier ces odieux passages ; il n'y a rien de plus soulevant dans tout son écrit. Je ne sais si c'est pour cette partie de son discours qu'il réclame *les bénédictions du peuple*, mais on ne pouvoit faire un plus affreux triage, une accumulation plus barbare et plus dégoûtante de tout ce qu'on a jamais hasardé d'incroyable et d'horrible dans les récits empoisonnés dont on alimente aujourd'hui l'esprit de ce bon peuple.

Monsieur Tronson badine assurément quand il nous dit du ton le plus grave, qu'il n'a remanié tout ce ressassement d'horreurs, que pour *être utile à son pays*. Il badine encore lorsqu'il ajoute, que l'*intérêt sacré de la patrie et de la révolution* lui commandoit de s'unir aux plus adroits ennemis de la dernière, de s'identifier avec les plus féroces ennemis de toutes deux, d'être le propagateur de toutes les calomnies des premiers, le fabuleux conteur et le blâmeur frénétique des représailles exercées contre les autres, et tout cela pour mieux défendre des hommes dont les uns ainsi que les autres demandoient la tête.

Mais, nous dit-il, je suis un *homme de courage* ; j'ai toujours voulu rester neutre dans la révolution, parce que tel est en effet le rôle et le privilege de l'homme *courageux*. Si je n'ai jamais rien fait pour elle, c'est que, *voyant très-bien où conduisoient toutes ces folies*, de patriotisme et de dévouement, j'ai cru plus sage de laisser agir ces *hommes sujets à illusion*, *ces têtes chaudes, un Réal*, par exemple, qui combattit tous les despotismes et tous les tyrans aux jours de leur puissance et de leur gloire, qui combattit sur-tout le système des triumvirs, et alloit être leur victime s'ils eussent régné un jour de plus. Je ne suis point capable d'une telle extravagance : je me taisois et me cachois alors ; je me montre et parle aujourd'hui. Voilà la véritable intrépidité. C'est le lendemain du combat que l'*homme de courage* doit arriver au champ de la bataille. Ce *courage*, assurément peu commun, *qui ne m'avoit valu que l'estime, m'attire aujourd'hui des calomnies*. N'a-t-on pas la cruauté de me taxer d'aristocratie (1), moi qui me prononce si généreusement aujourd'hui, comme tant d'autres

(1) *J'ai enfin l'honneur d'être persécuté*, dit-il ; car cette qualification seule lui paroit une persécution, tant il est délicat sur les termes. Il s'étonne qu'on ait osé la lui appliquer, sans égard pour sa longue constance à regarder froidement la lutte du patriotisme contre toutes les espèces d'aristocraties, sans vouloir s'en mêler en aucune manière, afin de mieux juger les coups, se tenant, au surplus, *fermement attaché à ce principe, que là où est la représentation nationale, là est aussi le centre de la volonté nationale*. Comme si, pendant les crises orageuses et diverses d'une régénération nationale, l'adhésion à cette maxime spéculativement juste, eût été le seul devoir du patriote, et l'eût dispensé de tout effort ; comme si tous les moyens du royalisme et de l'aristocratie n'eussent pas été employés, par-dessus tout, à dominer sur ce *centre* ou dans ce *centre*, à y corrompre ou étouffer dans son germe la volonté nationale, essentiellement amie de la liberté publique et de l'égalité des droits, pour y substituer ces volontés de corporations et de classes essentiellement ennemies de l'un et de l'autre, ce qui maintenoit ou ramenoit le despotisme ; et ce qui fut infailliblement arrivé, sans la résistance, la surveillance active et les efforts soutenus et constans des *véritables patriotes*.

ennemis du peuple, parce que l'occasion de trahir sa cause nous semble on ne peut pas plus belle, parce que le moment est venu peut-être d'écarter, sans trop d'efforts, ou d'égorger sans risque les plus hardis défenseurs de cette cause ? Il nous suffira de mettre sur nos lèvres quelques belles maximes, et de bien cacher la perfidie de nos cœurs.... Voyons, essayons-nous, et commençons par une vigoureuse sortie contre des hommes, dont les uns ne sont plus, dont les autres sont terrassés. *Si jamais une crise RÉVOLUTIONNAIRE....* Si de la fange... *Vos poignards... L'indignation de la VERTU vaincra laudace du crime ; notre vengeance sera terrible, et elle sera infatigable.... Nous vous poursuivrons par-tout.... Champs.... Bois.... Montagnes.... Retraites inaccessibles.... Nous vous pousserons devant nous comme un troupeau de bêtes féroces.... Les flots indignés.... J'en jure par vous, mânes chéries.... Le tocsin de la vengeance sonnera encore sur eux, LONG-TEMPS APRÈS LEUR DESTRUCTION ENTIÈRE ! ! !*

Ainsi parle Tronson. Il se peut que ce soit là de l'éloquence, mais très-certainement, dans les circonstances actuelles, ce n'est pas du courage, et, dans le défenseur officieux, c'est de la cruauté ; car il ne pouvoit se dissimuler que tous ces mouvemens de colère et d'indignation qu'il vouloit communiquer à tous les cœurs, y mettoient nécessairement en jeu, y fortifioient même ces insinuations perfides et ces préventions atroces qu'on leur avoit inspirées contre les accusés. Or, son *premier devoir*, en sa qualité de *défenseur officieux*, sur-tout *dans un état libre*, étoit, quoi qu'il en puisse dire, de combattre ces préventions, puisque le droit comme le besoin d'un accusé quelconque est de les repousser toutes, attendu qu'elles sont essentiellement incompatibles avec l'esprit de justice.

Mais Tronson n'avoit garde de travailler à affoiblir dans l'esprit des autres ces préocupations si fortes, qui, par leur gravité même, flattoient son opinion personnelle, secondoient ses vues et caressoient son espérance. Je le répéte, et cette répétition est bien superflue pour quiconque a lu son écrit, Tronson votoit dans son cœur la mort des prévenus ; il envoyoit à l'échafaud *ces misérables*, ce sont ses termes, pour *AVOIR FAIT, avant Carrier, comme depuis lui, le MALHEUR DE NANTES.* Et l'on voit, par ses observations préliminaires, qu'il avoit prononcé leur sentence de condamnation avant même l'ouverture des débats.

Ainsi donc cet homme si humain et si pur, déja saisi de cette affreuse pensée, prenoit en apparence le rôle de défenseur officieux particulier, et se proposoit au fond de remplir, comme en effet il l'a rempli, le rôle d'accusateur général pour l'intérêt des plaignans et dénonciateurs dont il poursuivoit la *vengeance*, car ils ont *crié vengeance.*

Voila ce que n'a pas rougi de faire le défenseur officieux Tronson, qui se vante d'avoir toujours mérité et *obtenu l'estime dans l'orageuse carrière qu'il courre*, ajoutant qu'on ne le blâme dans cette affaire *que parce qu'il y a été pur et digne de bénédictions.* Ce sont ses propres paroles.

C'est bien là ce même homme que l'on a vu dans une affaire d'une toute autre espèce, et plaidant pour une accusée à qui, certes, personne ne reprocha d'avoir professé des principes révolutionnaires, ni d'avoir péché par trop d'amour pour la sainte cause du peuple ; que l'on vit, disons-nous, prendre, comme de raison, une marche opposée à celle qu'il a tenue dans le procès intenté contre les révolutionnaires de Nantes, et tomber, non moins doctoralement qu'aujourd'hui, dans l'autre excès.

Ici, nous venons de le voir, condamnant à l'avance les prévenus, dénonçant ensuite à l'Europe l'*épouvantable scandale du jugement* qui les acquitte : alors, au contraire, ce brave homme déclaroit aux jurés qu'en leur conscience ils ne pourroient jamais condamner son auguste cliente. Ce dogme, on ne peut pas plus hérétique, comme on va s'en convaincre, faisoit tout le fond de sa thèse, qu'il terminoit par une opinion très-remarquable, dont le souvenir m'est encore présent ; la voici, quant au fond des choses et au sens complet de la proposition.

C'est, hélas ! bien assez, disoit-il, d'avoir fait tomber une tête sacrée devant la statue de la liberté ; et, pour le triomphe entier de sa cause, vous ne voudrez pas lui offrir un second sacrifice ; la révolution n'en a pas besoin : *c'est assez d'une victime !*

Cette première *victime*, dont parloit Tronson, c'étoit Capet ! Il défendoit.... Antoinette !

Ainsi donc il n'a donc pas vu là deux grands criminels tombant l'un après l'autre sous le glaive de la justice nationale ; il y a vu deux *victimes* offertes en holocauste sur l'autel de la liberté, où le fanatisme révolutionnaire les égorgeoit.

Il faut bien que des jurés patriotes se consolent de ne pas voir par les yeux d'un tel homme, et de n'avoir pu reconnoître, dans aucun des prévenus qu'ils ont acquittés, ces *tygres dont l'instinct est la soif du sang*, qui *re-*

regardent

gardent un homme comme on regarde une *proie*, et dont la frénésie fut telle, qu'elle leur fit *dépasser les forces ordinaires du crime.* Avouons qu'un défenseur officieux, qui se plaît à encadrer sans cesse les prévenus dans de telles bordures, doit être extrêmement content de lui et de ses tableaux. Il a bien raison de compter sur les *bénédictions* de ceux qui, dans la commune de *Nantes*, ont crié.... *vengeance!* de ceux encore qui, *dans Paris, ont répété le cri : vengeance! vengeance!* &c. &c.

Eh bien! dussé-je éprouver d'abord quelques malédictions de la part de ceux qui le *bénissent*, et au cri desquels son discours satisfait avec une horrible docilité, je veux m'interroger à fond pour juger de mon mieux, et caractériser sous le rapport politique un assez bon nombre de ceux que l'acte d'accusation avoit rendus si joyeux, et que le jugement a si fort irrités. Je terminerai cet écrit par quelques considérations nouvelles sur ce même jugement, sur les citoyens qu'il acquitte, sur nos divisions et sur le terrorisme. Écoutons d'abord ces messieurs que je vais essayer de vous faire parler; les voilà qui commencent.

« Abjuration solemnelle des 31 mai, 1 et 2 juin 1793, journées trop fameuses, trop long-temps célébrées, et qu'il sera tout-à-fait courageux de proscrire, car tous les détracteurs sont là; journées épouvantables, où le peuple fut bon, généreux et grand, où ses ennemis furent petits et lâches, n'osant plus se montrer insolens, ne pouvant pas encore se montrer séditieux; jours affreux où le lieu des séances conventionnelles cessa d'être un arène, jours après lesquels on ne put y revoir cet utile et perpétuel combat de gladiateurs et de bêtes farouches, qui plaisoit tant aux aristocrates (s'il en étoit encore) qui, sur-tout, secondoit si merveilleusement les vues des fédéralistes dont il étoit l'ouvrage, *si*, toutes-fois, *il y eut jamais des fédéralistes*; jours, qu'il faut effacer de nos annales révolutionnaires, où la Convention nationale rendue à elle-même et à l'inaltérable pureté de ses intentions et de ses principes, se montra digne du grand peuple qu'elle représente, et de la haute mission qu'il lui a confiée, et que, journellement *hélas*, il lui confirme; journées désespérantes enfin, et éternellement détestables, par cette constitution démocratique, sage, sublime et simple, qui fut un de leurs premiers et plus affreux produits ».

» Nécessité bien démontrée de *rapporter* très-prochainement cette infâme constitution, et, pour arriver plus surement et plus promptement à ce bienheureux *rapport*, rétractation préalable, actuelle et succcessive de tout principe, de toute loi, de tout acte, de tout usage, sentiment, discours ou pensée, démocratique, ou *sentant* la démocratie ».

Déclaration publique et formelle, que notre révolution entière, et par dessus tout, sa crise républicaine, fut un état permanent de démence et de frénésie, une fièvre continue avec redoublement, principe actif et source intarissable de meurtres, de dévastations, de brigandages et de ruines dont le résultat est, pour la France et ses malheureux habitans, des larmes, du sang, un deuil universel, et un sol tout nu ».

» Notification à l'Europe entière que nos transfuges, dits émigrés, étoient les plus humains d'entre nous et les seuls sages; que les vendéens même leur cèdent sur ce dernier point, et leur sont à peine comparables sur l'autre ».

» Proclamation nationale, pour annoncer à l'Univers, que la France incessamment dominée et pillée par ces hommes devenus si puissans et si riches, et vulgairement dénommés *patriotes*, *sans-culottes*, *jacobins*, n'offrant plus qu'une poignée d'esclaves, au milieu d'un triste désert, spectacle affreux de misère et de désolation, elle se hâte de faire d'abord un premier rappel d'émigrés, rappel borné, comme de raison, à la classe la plus recommandable, et la plus facile à reconnoître, celle qui a fui dans sa frayeur, et république tenante, depuis telle époque qu'on jugera convenable de fixer. On s'engagera à réintégrer dans tous leurs droits ces républicains intrépides, ces fuyards qui nous ont tant aidé à renverser la dernière tyrannie, et l'accueil le plus fraternel les attend à leur retour parmi nous. Intérêt tendre, au surplus, et regrets naïfs, en attendant mieux, sont réservés à toutes les autres classes de fugitifs (car avant peu, l'on sentira bien qu'il n'y a jamais eu de véritables émigrés; l'émigration et le fédéralisme sont de pures inventions, des fictions de jacobins) véritables enfans de la patrie, qui ne l'abandonnèrent qu'en voyant les patriotes la transformer en vaste tombeau. Ainsi donc, en général, et pour l'instant, touchantes complaintes sur le sort des premiers transfuges, prompte évocation de leurs nombreux traîneurs ».

» Hommage et respect à ces sages citadins qui furent, sont et voudront toujours être neutres dans la longue et terrible lutte dont notre malheureux pays fut le théâtre ».

» Honneur à tous les modérés; égards distingués pour les plus riches d'entr'eux ».

» Vénération réelle, amour profond, inviolable fidélité, manœuvres sourdes, efforts dissimulés, mais constans, et, selon les circonstances, tentatives honteuses ou essais hardis, en faveur du monarchisme ».

» Gloire aux aristocrates; confiance en leur parole; condescendance pour leurs opinions; déférence à leurs caprices ».

» Palme et lauriers aux conspirateurs vivans: apothéose des conspirateurs immolés ».

» Couronne civique ou réhabilitation triomphale à tous ceux qui furent ou pourroient être persécutés pour cause de fédéralisme ».

» Biffement solemnel de ce mot, où qu'il puisse se trouver inscrit, avec défense à tous de jamais le prononcer ou l'écrire à l'avenir, comme n'étant que la trop funeste désignation d'un complot imaginaire, et le mot d'ordre des proscripteurs ».

» Éternelle détestation à tout républicain qui fit semblant d'y croire, et aux représentans du peuple qui se gardèrent bien de le revoquer en doute, parce qu'ils vouloient *massacrer* nos *grands-hommes* »

» Colonne de gloire au Panthéon, pour y graver les noms de ces *illustres victimes* »

» Pyramide infamante sous quelque charnier, en exécration et flétrissure éternelle des hommes du 10 août, du 21 septembre, du 21 janvier et du 31 mai »

» Honneur, mille fois honneur, et fête décadaire, consacrée à la mémoire immortelle des plus opiniâtres défenseurs de l'autel et du trône, qui en furent les derniers martyrs parmi nous. Je ne parle point ici de chevaliers du poignards, ni des suisses du dix août; ils n'ont pas fait assez de mal au peuple et à la liberté, pour qu'on doive en perpétuer le souvenir par la pompe anniversaire d'une fête nationale ; je parle de ces héros des deux Sèvres et de la Vendée, hommes purs et énergiques dans le bien, qui nous eussent régénérés si nous avions pu l'être ; humbles et fervens disciples de Charette et de Catelinière, véritables illuminés dans la main de véritables prêtres, apôtres et professeurs de la plus touchante philantropie »

». Anathême à tous ceux qui les ont sérieusement combattus ; Anathême à tous ceux qui ont décrété qu'il falloit ainsi les combattre. Anathême à tous ces fous divers qui soutenoient par des moyens non moins indispensables qu'extrêmes, la révolution et la liberté, que les sages et doux vendéens s'obstinoient à vouloir détruire, mais qu'ils n'avoient pas encore entièrement égorgée. Anathême, disons-nous, à ces buveurs de sang, à ces quasi-jacobins qui ne sçurent pas épargner les représailles à ces bons vendéens, à ces vrais agneaux, dont l'innocent plaisir et la plus habituelle occupation, étoit d'exercer en tous lieux, sur les patriotes de tout âge et de tout sexe, au nom de l'éternel et du monarque, les plus royales atrocités, les plus infâmes et les plus inconcevables horreurs ; et voila ce que nos volontaires ont eu l'inhumanité de vouloir réprimer ».

» Anathême encore à ceux qui, dès l'origine de la révolution, ont été les ardens promoteurs, les incorruptibles appuis des droits du peuple, les auxiliaires du parti fidèle, la seconde ligne de la salutaire opposition, les surveillans infatigables, la bride importune, l'épouvantail, si cela peut se dire, et le plus continuel objet de haine, de toutes les sortes de fripons publics, d'ambitieux, d'intrigans et de traîtres (1). Anathême donc à ces insolens ennemis du vice et de ses nombreux suppôts, des rois

(1) Ici, l'on va dire qu'il y eut toujours dans ces sociétés un certain nombre d'hommes douteux; mais, où ne s'en glisse-t-il pas, et quelle réunion d'hommes peut se préserver d'un tel mélange? On me dira sur-tout, comme on l'a déja dit, que la plupart des conspirateurs avoient été membres de celle de Paris. A cela, ma réponse est bien simple; c'est que ceux-là étoient membres aussi du corps représentatif. Or, si l'on en excepte les derniers conspirateurs, tous les autres, à des époques diverses, furent dénoncés et poursuivis par la société, par la société seule, qui mit le peuple en éveil, et fit avorter leurs complots. L'on peut ajouter que ces mêmes conspirateurs, démasqués par la société et exclus de son sein, n'en conservèrent pas moins l'estime d'un grand nombre de leurs collègues non jacobins, ce qui maintint leur ascendant ou leur crédit dans la représentation nationale, où ils ne cessèrent d'intriguer et de conspirer. Où est donc en cela le tort particulier des jacobins? Et Robespierre même, que la convention séduite ou subjuguée s'étoit en quelque sorte imposé la loi de ne jamais contredire, Robespierre, à qui elle permit d'improviser sous ses yeux et par sa puissance l'assassinat de Danton, de Camille, de Phelippeaux, etc. Robespierre, que les flatteries et les molles condescendances de nos législateurs avoient plus profondément corrompu que n'eût jamais pu le faire l'hentousiasme des jacobins, parce qu'elles lui inspirèrent plus d'orgueil et lui transmirent une grande puissance; Robespierre qui, soutenu par la Convention, s'élevoit insolemment et aspiroit à la toute-puissance; Robespierre, que la Convention nationale, impérieusement maîtrisée ou magiquement enchantée, investissoit, par degrés, du droit absolu de vie et de mort, de boulversement et de ruine contre la république et les républicains; Robespierre, qu'elle présentoit chaque jour à l'idolâtrie du peuple enivré par elle-même; Robespierre, dont elle parut enfin vouloir faire un demi-dieu, le 20 prairial (1), surveille du jour où elle décréta ce *blanc-seing national* (2) pour les billets de

(1) Fête à l'Éternel.

(2) La loi du 22 prairial.

et de leurs satellites, de toutes les tyrannies et de toutes les servitudes. Anathême, disons-nous, à l'universalité

---

vie et de mort, qui mettoit toutes les existences dans la main du tyran; Robespierre, qu'elle encensoit encore le 8 thermidor, et dont elle accueillit avec transport le discours insidieux et violent dirigé contre les hommes qui lui paroissoient en position de le démasquer et de l'abattre; Robespierre dont, à son insçu, elle affermissoit la puissance, en décrétant à l'unanimité, l'impression de ce discours, qu'elle vouloit même envoyer aux départemens et aux armées; Robespierre, dis-je, tout rayonnant encore de ce dernier triomphe, où fut-il attaqué ce jour-là même, dans son discours? aux jacobins? Par qui? On le sait assez.

C'est donc encore les jacobins qui, dans ce grand effort de la liberté qui sembloit mourante, ont eu l'initiative; car, dans la Convention nationale, Robespierre et son discours n'avoient point été attaqués (1). Il ne s'étoit élevé de réclamation que sur la proposition de l'envoi aux départemens et aux armées.

Et le lendemain 9 thermidor, à la séance que l'on voyoit bien devoir être décisive, au moment où la Convention nationale pouvoit être entraînée sans retour, qui donc l'arrêta sur le bord de l'abîme? un député jacobin. Qui déchira le voile? un autre député jacobin. Quels hommes se prononcèrent le plus fortement, et rallièrent la portion de l'assemblée qui paroissoit encore incertaine et mal affermie? les députés jacobins. Quels hommes, au contraire, semblèrent n'avoir pas entièrement cessé de croire à Robespierre, et ne pas refuser de l'entendre? Quels hommes opposèrent aux autres cette résistance d'indécision, et furent lents à se lever pour le décret sauveur de la liberté publique? des députés qui n'étoient ni montagnards ni jacobins.

Ainsi, les jacobins, qui seuls, ou les premiers, commencèrent

(1) J'ai tort, je vois dans le Moniteur, que ce discours fut blâmé dans quelques points par deux personnes, et Robespierre lui-même vigoureusement rabroué par Cambon. Mais certes c'est bien un montagnard que Cambon; e ce député-là aussi fut jacobin!.... On nous dit aujourd'hui qu'il ne faut plus de tout cela. A la bonne heure, bien que cela ne me soit pas démontré. Mais sur-tout ne souffrez pas qu'on les avilisse, et ne cherchez pas à dissimuler combien ils furent nécessaires et bons.

des jacobins (dont *le nom fait horreur*, dit Fréron, qui veut résolument qu'on leur courre sus, *qu'on leur perce*

---

l'attaque, eurent encore la gloire et le bonheur de déterminer la Convention nationale à porter le coup décisif qui renversa le tyran.

Voila du moins ce que m'ont appris, dans le temps, les journaux divers, et les récits de personnes qui avoient suivi les séances de la Convention nationale et celle des jacobins : je n'ai vu ni les unes ni les autres. Je fus rayé de la liste des jacobins par un des mille caprices de Robespierre, il y a plus d'un an : je n'y ai pas reparu une seule fois depuis cette époque ; et à celle des 8 et 9 thermidor, j'étois dans la maison d'arrêt du Luxembourg, où un autre caprice de cet homme, qui peut être me trouvoit gênant ailleurs, me détenoit depuis quatre mois et demi.

Quant à ce que j'ai entendu dire de je ne sais quel rassemblement d'enthousiastes, de curieux et de dupes, qui se forma, dans la soirée du 9, au lieu accoutumé des séances de la société, je ne puis, en aucune manière, appercevoir la société dans un tel rassemblement, ni sur-tout reconnoître ses principes et ses vues dans tout ce qu'on raconte des motions qui y furent faites. Les jacobins n'étoient pas là ; les jacobins ne l'eussent pas souffert ; ou plutôt, on ne l'eût pas osé en leur présence.

Je n'ai garde de rien prononcer sur tout ce qui a suivi cette époque ; je ne sais pas avoir une opinion, quand je ne puis me bien expliquer ce qui se passe dans mon cœur. Je dirai cependant, et puisqu'on les persécute, il me semblera plus doux encore d'avouer hautement que j'ai beaucoup aimé, que je n'ai point cessé d'aimer les vrais jacobins, comme j'aime la sainte égalité dont ils furent, dont ils seroient encore les adorateurs et les soutiens.

On les vit ardens, enthousiastes, ombrageux, par l'excès même de leur dévouement; et cet excès qui, sans doute, a quelque chose d'intéressant et de respectable, n'a trouvé que des censeurs amers et de fougueux antagonistes.

Les circonstances étoient on ne peut plus critiques. On sortoit à peine de l'état le plus horrible qui puisse être imaginé. La crise de délivrance fut rapide comme l'éclair, et frappante comme la *le sein de cent coups de poignards en épiant bien l'occasion, et qu'on les anéantisse tous :* voyez l'Orateur

---

foudre. Ce premier renversement fut heureux, sans doute, et tout bon citoyen doit y applaudir.

Mais cette secousse imprévue et terrible avoit tout ébranlé.

Après un si grand ébranlement, il n'est pas facile de se remettre d'à-plomb.

On a du s'abandonner à toutes les impulsions du moment ; les mouvemens furent irréguliers ; les déterminations irréfléchies ; les mesures incertaines ; la facilité extrême et la réaction alarmante.

Les sociétés populaires de la république, dont la mission révolutionnaire est sur-tout de veiller à la garde de la liberté publique, et de jeter le cri d'alarme quand ils la voient en péril, s'effrayèrent trop, peut-être ; et les jacobins de Paris, appréciant mal à leur tour une situation bien plus délicate, et un revirement équivoque, ont pu quelquefois manquer de mesure et de prudence.

A mon avis, voilà leur tort.

Il étoit juste de leur pardonner quelques écarts. . . . . on en avoit fait soi-même de si grands ! N'importe, on se plut à les rudoyer, même à la barre.

Il devoit paroître doux, et même grand, d'ignorer les sottises de quelques sociétaires ; on a cru qu'il étoit plus beau de s'en irriter.

On pouvoit facilement les honorer et les rendre encore utiles ; on a mieux aimé les laisser décrier et se perdre.

Sans doute on n'aura pas voulu, mais enfin l'on a souffert, l'on paroît même avoir trouvé convenable et juste, qu'ils fussent insultés, maltraités avec violence dans le lieu de leurs séances, c'est-à-dire, dans le plus respectable des asyles, après celui qui est essentiellement inviolable ; la salle nationale.

On a beaucoup répété qu'ils étoient en *révolte* ouverte contre la représentation nationale, et qu'ils travailloient à se constituer en *autorité rivale à ses côtés.*

Leurs accusateurs sont unanimes sur ce point ; et ces imputations du peuple, nº LIX, 23 nivôse) de la République, à ces artisans de tous nos troubles, qui, de par la nature et la

---

folles paroissent être le mot d'ordre de tous les pamphletaires ; mais je suis bien assuré qu'intérieurement aucun d'eux ne blâmera l'homme impartial qui refuse d'y croire.

Je ne dis rien sur les évènemens des 19 et 21 brumaire. Ces coups de main, que le décret du 22 paroît sanctionner, ne sont assurément pas des insurrections. Hélas! convenons-en ; ce n'est pas là le vœu du peuple.

Il doit être permis de dire que ces coups de main et ce décret, ont inspiré des inquiétudes aux patriotes observateurs et réfléchis.

Les aristocrates, les contre-révolutionnaires et tous les ennemis de l'égalité, ont, au contraire, manifesté une joie très-vive : on ne les vit jamais plus satisfaits. Cela paroît les avoir consolés de nos victoires contre les nombreux ennemis du dehors.

Ces aristocrates, préparant ou fomentant nos divisions, se mêlent à nos querelles, pour les chauffer jusqu'au terme et au degré précis de la bataille ; après quoi, ils nous laissent faire, ou bien ils restent là pour frapper avec les plus forts. Ils ont ainsi tout le plaisir du spectacle et tout le profit du combat.

Ce qu'il y a de plus triste dans les circonstances actuelles, c'est que des patriotes ---- (oui, des patriotes.... Je veux être juste : je sépare l'homme habituel de l'homme qu'un état de crise exaspérante, dérange et met hors de son caractère.) ---- Cette fois, bien d'accord avec les ennemis de la liberté, attisent le feu de nos querelles, pour les tourner, non pas au profit de leur ambition, mais au service de leurs passions de vengeance et de haine. On prêche formellement et en termes excessifs, la guerre civile. On demande, on provoque un grand égorgement, pour faire périr quelques contradicteurs opiniâtres..... on excite une partie du peuple contre l'autre ; on sollicite, au nom de la république, un déchirement à main armée. On jette, chaque jour, au milieu de lui, tous les tisons de l'horrible discorde. C'est quand tout est calme, obéissant et soumis, qu'on veut le pousser aux dernières fureurs, parce qu'on veut la mort prompte de quatre constitution, se réunissant paisiblement entre eux, délibérant sous l'œil du peuple, osoient discuter ses intérêts, et réclamer le maintien de ses droits, avec cette chaleur de sentiment et cette liberté de langage, caractères essentiels de ce scandaleux genre de discussion. Anathême donc, anathême irrévocable à ces dissertateurs indiscrets et audacieux».

» Bénédiction, au contraire, bénédiction, excitation et appui pour ces bons amis de l'ordre et de la paix, qui, à Rouen comme à Paris, les ont lapidés dans le lieu de leurs séances, et continueront de les assassiner par le poignard de la diffamation, et tous les stylets du journalisme, sans préjudice, peut-être du glaive des sicaires ».

» Bénédiction à ces véritables démocrates du 12 thermidor, qui ne pardonnant pas même à la liberté son bonnet, sa pique et ses trois couleurs, n'auront garde de vouloir jamais adopter ses principes, ses institutions, ses mœurs, son langage et ses loix ».

---

hommes dont la conduite est à l'examen! ... Et l'un de ceux qui se fait remarquer dans la première ligne des excitateurs, n'est pas seulement un patriote; il est un patriote d'un talent reconnu, de mœurs faciles et douces, dont le caractère est aimant et les vertus aimables.... Et cependant, si l'horrible vœu qu'il exprime avec tant d'énergie, étoit entendu, et alloit un jour s'accomplir; si les provocations attroces dont il l'appuie n'étoient pas toujours impuissantes..... le sang fraternel, ce sang déja trop épuisé sans doute, couleroit par torrents, couleroit jusqu'à la dernière goutte!.... Auroit-il assez de larmes pour suffir à son éternel désespoir?.... Ne seroit-il pas inconsolable, long-temps encore après avoir cessé de pleurer?... Au nom de la patrie, pour ta propre gloire, et, sur-tout, par ta sensibilité, je te conjure et te somme de lacérer et rétracter ces deux feuilles, que je signalle assez pour que tu les reconnoisses.

Anathême au peuple et à ses amis, à la république et à ses adorateurs, à la démocratie et au sentiment d'égalité (1) qui la fonde ».

». Inexorable rigueur contre toute méprise, tout écart, tout excès, qui, même dans des circonstances extrêmes, dans des crises périlleuses et décisives, auroit pris sa source dans le dévouement à la cause du peuple et le desir ardent d'en assurer le triomphe, ou de le sauver lui-même ».

» Indulgence et pardon, éloge même, actions de grace et récompense, s'il y a lieu, pour tout écart, excès ou crime, qui portera le caractère de la haine plus ou moins prononcée contre la révolution, et du dessein bien formé d'entraver sa marche, de rendre toutes ses crises sanglantes, d'anéantir ou d'empoisonner tous ses résultats ».

» Anathême, en un mot, à quiconque fut reconnu patriote avant le 12 thermidor, et bénédictions pour celui qui date précisément de cette époque, ère véritable du seul et bon patriotisme ».

» Honte, par dessus tout, honte et mort très-prompte à ces *buveurs de sang*, (1) affamés d'or et de pouvoir, qui, à la vérité, ne tuent ni ne volent, et ne cherchent point

(1) Ce sentiment d'égalité ne reprend pas avant peu sa vie et sa force dans nos cœurs humiliés et flétris, s'il ne le trouve pas son aliment et son appui dans nos institutions ; si le peuple reste encore long-temps dépouillé du droit incommunicable et intransmissible de sanctionner les loix et de nommer les magistrats ; si le faîte, qui veut aussi être la base, nous offre encore long-temps cet édifice fantastique, sans stabilité comme sans forme, etc. Alors, je le dis, parce que je l'apréhende sincérement, la véritable république ne sera qu'une chimère, que la douce illusion des bons esprits et des bons cœurs.

à dominer, mais qui aimèrent sincèrement la révolution, qui la servirent et voudroient la servir encore de tous leurs moyens, que les ruses de l'aristocratie n'ont pu tromper, que ses flatteries et ses caresses ne pourroient jamais ni gagner, ni séduire, que sa fierté ne déconcerteroit pas, que ses menaces n'intimideroient pas. De tels hommes ont déja fait trop de mal à notre cause, et seroient trop incommodes encore au jourd'hui, pour qu'on leur permette de vivre. Honte et mort à ces misérables, et que leur supplice, s'il se peut, et le degré de l'opprobre soient proportionnés au degré de leur dévouement, et au nombre comme à l'importance des services qu'ils ont pu rendre à cette odieuse révolution!!!... »

Voila, en somme, et d'après l'opinion que j'ai pu m'en former, l'exposé naïf des sentiments, des vœux, des espérances d'un grand nombre de messieurs ; et sans-doute aussi de quelques belles dames, à qui d'ailleurs je pardonne tout et n'en offre pas moins du fond du cœur mes sentimens et

---

(1) Il ne faut pas prendre l'épouvante sur cette expression figurée qui, excessivement répétée depuis environ cinq mois, n'a plus, sans doute, la fleur de la nouveauté, mais est cependant encore une des plus belles fleurs de la rhétorique des pamphlets. On parloit autrefois des représentans du peuple les plus révolutionnaires, les plus dévoués, les plus énergiques, sans lesquels nous n'aurions eu ni république ni liberté, et on les appeloit Montagnards : ce beau nom, qu'on ne réussira pas à déshonorer, fut appliqué par extension, aux vrais sans-culottes, aux francs révolutionnaires, aux patriotes prononcés, aux véritables républicains, en un mot, à toute l'élite du grand peuple révolutionnaire ; on veut aujourd'hui persuader que l'expression à laquelle cette note se rapporte, est un des synonimes du montagnard ; on fait pour cela des efforts infinis ; nul moyen immaginable n'est épargné. Il faut espérer que cette conspiration contre la pureté du vocabulaire républicain, ne sera que ridicule.

mes hommges, leur étant naturellement fort dévoué.

Tout ce monde là n'a pu manquer d'applaudir au systême de défense de Tronson, ainsi qu'à l'acte d'accusation, qui, véritablement, est un morçeau rare. Mais les messieurs, comme on l'a déja pu voir, ont jeté des cris horribles contre le jugement qui bouleverse toutes leurs idées, et qui leur paroîtra long-temps une chose inconcevable, malgré la peine que Tronson s'est donné pour la leur bien *expliquer*.

Cette *explication* ne pouvoit sortir que de la connoissance approfondie de l'affaire, des observations d'une raison saine, enfin de l'applicatiou exacte des principes de toute bonne justice distributive qui est essentiellement une chose relative.

Tronson, q i, pour remplir son objet, n'a que faire de la véritable *explication*, n'a garde aussi de la chercher où elle est. Ce ne seroit pas là son compte, il lui en faut une autre.

En conséquence, dans le petit libelle, préambule du grand, il porte la hardiesse du mensonge, le ridicule et le sang - froid de l'esprit de supposition jusqu'à ce point, d'affirmer et de répéter, comme fait constant au procès, que *c'est une intrigue qui a amené le jugement* d'absolution des prevenus. Hélas! ces infortunés, on les a vus: ils étoient simples, pauvres, souffrans, humiliés, courbés sous le poids journellement aggravé des plus odieuses accusations, du plus infâmant opprobre. Vraiment, c'est bien dans une telle position qu'on intrigue. Ils étoient délaissés, comme l'est toujours le malheur indigent et déshonoré. L'intrigue, dans toute son activité, et avec tous ses moyens, étoit bien visiblement dans le parti opposé; la calomnie y étoit aussi avec ses brocards, ses chansons, ses pamphlets, ses nombreux journaux, ses correspondances soigneusement communiquées, &c. Elle y étoit, sur-tout, avec les dépositions de la haine et de la mauvaise foi. Tout cela, sans aucun doute, étoit mis en œuvre pour amener un jugement tel qu'on le desiroit de ce côté là. Et si l'on eut réussi, nulles réclamations, peut-être, si ce n'est celles du sensible et courageux Réal, ne se seroient fait entendre dans les premiers momens, tant ces messieurs, s'étoient, sur ce point, rendus maîtres de l'opinion publique, qu'ils avoient profondément empoisonnée.

Mais comme par l'issue heureuse du procès, la calomnie et l'intrigue se sont vue déjouées, une vive douleur s'est mêlée à la première rage qui s'en est accrue, elle n'a plus connu de frein, elle n'a plus voulu de bornes, elle a violé tous les principes, elle a mis bas toute pudeur. La foule des esprits frivoles, fanatisés par une longue influence, et entrainés par le redoublement d'une si forte crise, s'est précipitée avec elle, et l'a secondée dans ses emportemens. De toutes parts, les mêmes cris se sont fait entendre ; et le jugement et le tribunal ont été attaqués avec la même indécence, la même injustice, le même degré de fureur qui caractérisèrent la première poursuite contre les prévenus.

Ainsi donc ce jugement, bien loin de servir l'esprit d'intrigue, a rompu ses brigues, déjoué ses projets, renversés des espérances fortement conçues, et appuyées sur tout ce qui pouvoit entrainer ou séduire des jurés, moins fermes ou moins réfléchis dans leur décision. Non, sans doute, un tel jugement n'a pas dû contenter l'intrigue, il l'a tourmentée ; il n'en est pas le produit ; il fait avorter au contraire tous ces premiers fruits de vengeance et de haine, dont elle soigna tous les germes, et dirigea tous les développemens.

Mais voila trop de rhétorique ; revenons aux choses. Qu'ai-je vu, qu'ai-je cru voir au moins dans cette affaire ? Le voici en très-peu de paroles.

Des faits aussi faux que graves, méchamment inventés, complaisamment répétés, odieusement colportés, par-tout affichés, mille et mille fois retracés avec art, avec force, sous les couleurs du moment, dans les circonstances les plus propres à les accréditer, au sein d'une ville immense où cent mille personnes peut-être étoient disposées à les recevoir pour certains et à les donner pour tels à toutes les autres ; ces faits, dis-je, s'emparant enfin de toutes les imaginations et subjuguant toutes les croyances.

D'autres faits, tous moins graves en eux-mêmes, à l'exception d'un seul, vrais au fond, mais exagérés, ou, en quelque sorte, dénaturés.

Les accessoires et les détails de ces faits, altérés ou controuvés.

Les circonstances de toute espèce dont la connoissance exacte pouvoit seule conduire à la juste appréciation de ces faits et des motifs de ceux à qui on les imputoit, soigneusement cachées ou artificieusement dissimulées, ou enfin déguisées avec perfidie.

Tel m'a paru être en général le système ou plan d'attaque dirigé contre les accusés.

Et ce plan si bien rempli au-dehors, ce système qu'avoient fidèlement suivi les dénonciateurs, les discoureurs dans les cafés ou dans les groupes, les chansonniers, les journalistes, les pamphlétaires ; ce plan, dis-je, n'a pas été moins exactement rempli dans l'intérieur du tribunal ; ce système n'y a pas été moins religieusement suivi par un grand nombre de témoins, par le président dans les débats, par l'accusateur public dans son résumé, et par deux d'entre les défenseurs officieux dans leur plaidoyer de défense.

Quant à moi, tout entendu, tout observé, tout balancé, je déclare, pour tout ce qui m'a paru rester d'exact et de vrai dans les reproches élevés contre celui des membres du comité que la procédure avoit le plus chargé, je déclare, ai-je dit, que je n'y ai rien vu de personnel.

Tout portoit sur le fonctionnaire, et rien sur l'homme; tout tenoit à la place, et rien à son caractère propre; tout s'adressoit à l'agent révolutionnaire forcé; tout me présentoit ce que celui-ci n'avoit pu éviter de faire, ou avoit dû croire indispensable de faire, et non pas ce que l'homme auroit voulu faire, bien moins encore ce qu'il eût pris plaisir à faire.

J'y sentois, j'y appercevois l'acquiescement à ce que sa position et ses fonctions lui commandoient, à ce que le torrent des choses l'entraînoit à vouloir comme fatalement, à réputer inévitable; mais je ne pouvois y découvrir, y reconnoître le vœu naturel de son cœur ni le choix libre de son esprit.

Il me fut ainsi démontré que tout cela tenoit à des circonstances extrêmes, horribles, impérieuses, qui n'étoient pas son ouvrage, à un système de choses comme à un ensemble de combinaisons qu'il n'avoit eu ni le droit ni la puissance de contrarier, de contrôler, de réformer ou d'entraver, et qu'il étoit au contraire d'un devoir rigoureux pour lui de suivre.

Je ne me dissimulai pas sur-tout que cela tenoit primitivement et essentiellement à l'esprit de cette malheureuse époque et à une idée-mère, si je puis ainsi parler, alors universelle et dominante, qui régnoit par-tout en France, primoit par-dessus tout et décidoit tout, idée, principe ou opinion, comme on voudra, qui animoit, inspiroit et guidoit non-seulement les déterminations, opérations, démarches de toutes les autorités premières ou subordonnées, et singulièrement des autorités révolutionnaires, mais encore cette longue suite de décrets, concordans entr'eux, excessifs et terribles comme les dangers de la patrie et les besoins publics, et que la convention nationale paroissoit voter à l'unanimité, ou tout au moins sans réclamation.

Partons de cette donnée générale qui, très-certainement est exacte; faisons-en l'application particulière et réfléchie à la ville de Nantes, selon les temps, les choses, les personnes, les événemens, les environs, les conjurations passées qui sembloient se lier à de nouvelles, les trahisons connues ou justement présumables, les relations et intelligences de toute espèce avec les brigands, &c. Vous viendrez alors combattre mon opinion, m'en démontrer le vice, me déclarer la vôtre, et m'en exposer les motifs, ou bien vous me direz que vous pensez comme moi. Jusques-là vous ne pouvez point avoir un avis, vous ne pouvez qu'exprimer celui d'un autre.

Dans une telle position, la raison dit qu'il faut écouter, ou tout au moins ne pas prononcer.

Mais c'est une chose si gênante que cette raison : on la laisse donc là avec ses renseignemens et ses règles, et l'on prononce.

Il est bien entendu qu'alors on devient nécessairement un simple écho; or, le propre d'un écho, c'est de réfléchir le son qui le frappe; et comme ici tout est disposé de manière que les accusateurs ont été seuls entendus, tous les échos ont dû répéter que les accusés étoient des monstres.

Voyez cependant où cela nous mène ! Si les hommes dont je parle doivent être réputés des monstres, d'après ce qu'ils ont été *forcés* de faire en leur qualité d'hommes publics, d'agens révolutionnaires, dans les circonstances données, que faudra-t-il donc penser, premièrement, de la révolution même que le peuple et l'éternelle raison demandoient ?.... Que faudra-t-il penser encore de ceux que le peuple nomma d'abord et n'a pas cessé de reconnoître pour *entrepreneurs* en chef, ordonnateurs et directeurs de tous les moyens d'exécution ?...

Et cependant, d'une part, vous criez on ne peut pas plus haut, que vous la voulez cette révolution ; que vous la voulez entière ; que si elle ne vous donnoit pas la bonne démocratie, il ne pourroit en sortir qu'un arrangement de choses non moins inique et oppressif, non moins favorable à l'esprit d'orgueil et de cupidité (et ne cherchons pas ici les expressions délicates et détournées, usons tout naturellement des expressions simples et vraies) que ne l'étoit celui que nous sommes enfin parvenus à détruire ; ce qui, certes, n'eut pas valu tant de maux soufferts, tant de sang versé ; c'est même conséquemment à cette première volonté que vous demandez le maintien du gouvernement révolutionnaire (1) jus-

(1) Je pense bien aussi que ce gouvernement doit être encore maintenu ; mais j'ose toujours croire que l'amendement dont je parle dans une note précédente, sans lui rien faire perdre de sa force, en diminueroit beaucoup les dangers. Pour que ce gouvernement, hors des principes, et suspensif de la souveraineté, ne fasse pas d'un peuple essentiellement libre, un peuple provisoire-

qu'à l'affermissement final de cette révolution, l'affermissement de la démocratie.

Vous voulez et demandez hautement tout cela. — Voilà qui est bien convenu.

D'autre part, et sans aucun doute, vous honorez, vous respectez la convention, vous la jugez exempte de tout reproche quant au passé, parce que ses intentions furent constamment bonnes, et qu'à toutes les diverses

---

ment esclave, il lui faut, à ce peuple, la double garantie du sanctionnement de ses loix et de l'élection de ses magistrats. ----- Des loix que le peuple n'a point acceptées et n'a pas pu rejetter, ne sont pas véritablement ses loix; elles sont les volontés de ses mandataires. --- Des magistrats qu'il n'a pas nommés, et qu'il ne peut destituer, ne sont pas ses magistrats; ils sont les simples officiers de ses mandataires. ----- Sans doute, il faut que le gouvernement révolutionnaire soit fort; mais il faut aussi qu'il soit juste; et comme, ainsi que tout autre, il ne doit avoir de force que celle de la loi, il faut d'abord que la loi soit bonne; il faut ensuite, pour assurer l'empire de cette loi, qu'on lui conserve sa puissance sur tous, et qu'on n'en abuse jamais contre personne. Mais si la loi n'etoit pas bonne, ou si les ministres infidèles de cette loi la pervertissoient ou la trahissoient au gré de leurs fantaisies, alors, bien évidemment, la force du gouvernement seroit le dernier terme des calamités publiques; elle seroit le renversement positif du véritable ordre social, la contradiction formelle des principes, le triomphe désespérant des ambitions personnelles affectant le langage de la volonté commune, disposant contre chacun de la force de tous, commettant et commandant le crime au nom de la loi. ---- Or, si le peuple, au lieu de se donner des magistrats et des loix, les reçoit éternellement tels qu'on les lui fait, sans qu'il s'en mêle, où est sa sûreté?... Je n'appuie pas trop sur ce point, tout important qu'il est, parce que la Convention nationale me paroît mériter encore qu'on s'abandonne à elle.

époques elle n'ordonna, n'autorisa, n'approuva que ce que la loi suprême du salut public lui parut exiger ; et en effet, ceci est sans doute la première des sanctions.

Voila qui est encore convenu.

Eh bien, sous le rapport de votre premier aveu, je vous déclare, parce que telle est mon opinion, que dans l'affaire qui nous occupe, il ne m'a pas été possible de me convaincre que les prévenus acquittés restassent chargés d'aucun fait grave, qui n'ait pu, dans les circonstances données, leur paroître impérieusement commandé par la nécessité de contenir, de réprimer, de rendre impuissans les efforts plus ou moins criminels et funestes des ennemis de la révolution, du peuple et de la démocratie.

Cela posé, je ne dois pas, et vous ne voudriez pas vous-mêmes les déclarer coupables sous ce premier rapport.

Le second point de vue leur est plus favorable encore. En effet, l'esprit et la lettre des décrets de la convention nationale ; l'esprit et la lettre des arrêtés, des ordres, des missives du gouvernement, qui, au fond, étoit encore la convention même ; l'esprit et la lettre des arrêtés, des ordres, des inspirations, excitations, exemples, pris ou donnés par les représentans du peuple en mission, qui étoient aussi la convention même, puisqu'elle les avoit révolutionnairement investis de pouvoirs illimités ; tout cela, dis-je, m'a paru aller fort au-delà de ce qui a été prouvé contre ceux des accusés qui ont été acquittés.

Sous ce rapport encore, ou plutôt sous ce rapport

sur-tout, vous ne voudrez pas qu'ils soient réputés coupables.

En effet, c'est la convention, vous le voyez, qui inspire, qui excite, qui sollicite, qui veut, ordonne et maîtrise, soit immédiatement par ses décrets, soit médiatement par l'opération de ceux dont le pouvoir est l'émanation première, ou même (sauf responsabilité) l'image fidelle et complette du sien.

Si donc la convention nationale vous paroît irréprochable, assurément ses agens en seconde main, maîtrisés, comme nous l'avons vu, sont à l'abri de tout reproche. et si la convention nationale ne vous en paroissoit pas exempte, les agens dont nous parlons seroient irréprochables encore.

En effet, dans ce mouvement à la fois terrible et salutaire, que la convention nationale avoit senti le besoin d'imprimer à tout, mouvement qu'entretenoient et animoient encore, sur-tout aux lieux où les grands dangers s'unissoient aux grands obstacles, qu'animoient, dis-je, ces décrets si propres à tenir les patriotes dans un état continuel de vigilance et de salutaire fermentation; au milieu, dis-je, de cet ébranlement des choses et de ce torrent de volontés impétueuses et souveraines, je conçois qu'un individu, qu'un pouvoir subordonné quelconque, s'il a franchi les bornes qu'il sembloit devoir respecter, puisse tirer son excuse de l'impulsion même qui les lui a fait dépasser, et de tous les exemples qui l'entouroient et l'entraînoient. On pourroit même penser, ainsi que je l'ai déja fait observer, que souvent il n'approuvoit pas ce qu'il étoit obligé de souffrir, et qu'il exécutoit à contre-cœur ce qu'il ne pouvoit éviter de faire.

Mais concevroit-on bien facilement qu'une convention

nationale, qui n'est investie de tous les pouvoirs que pour satisfaire à toutes les obligations en les exerçant en effet, pût cependant opposer aux justes plaintes d'un peuple dont elle eut sanctionné l'oppression, cette réponse évasive. — Ne m'adresses aucun reproche : tout ce que tu croirois pouvoir m'imputer est exclusivement le fait de quelques hommes que je louois sans cesse, que je maintenois dans leurs fonctions, et dont j'approuvois journellement toutes les opérations.

Et vous qui persécutez avec tant de barbarie et une fureur si lâche tous ces malheureux sous-ordres que leur enthousiasme put égarer, et qui, s'ils vous paroissent convaincus de quelqu'écart, devroient aussi vous sembler excusables à tant de titres et par toutes les raisons que j'ai développées, pourquoi donc aujourd'hui venez-vous flagorner avec autant de fausseté que de bassesse ce corps dépositaire de tous les pouvoirs, à qui chacun de vous peut-être, dans le secret de son cœur, adresse les plus sanglans reproches? Vous ne vous contentez pas d'exiger, pour ses décrets et pour lui, soumission et respect. Vous semblez nous commander une obéissance aveugle et muette, et nous présenter l'alternative d'une terreur superstitieuse ou d'un amour idolâtre ; vous paroîtriez vouloir que les mandataires du peuple devinssent l'objet de son culte. Ah! je me défie beaucoup d'une passion si subite et d'un enthousiasme si peu naturel. Vous ne voulez que les précipiter dans un nouvel abîme, les y entraîner rapidement, et, dans la route même, effectuer par eux ou exécuter en leur nom vos desseins particuliers de vengeance, et le second asservissement du peuple.

En effet, dans tous les temps, et ceci est bien notoire, vous prodiguâtes à la convention nationale et à ses œuvres les paroles de la détestation et du mépris ; c'étoit sur-tout de votre part l'infaillible salaire de ce qu'elle faisoit de plus heureux, de ce qu'elle vouloit de plus juste, de ce qu'elle entreprenoit de plus grand. Telle étoit votre horrible ingratitude et votre incurable prévention ; et c'étoit bien la véritable expression de votre pensée, on ne pouvoit s'y méprendre.

Tout-à-coup vous devenez son adulateur déhonté ; vous la couvrez de bénédictions et de louanges excessives ; vous allez même jusqu'à déclarer qu'elle a *constamment* bien mérité de la patrie et de l'humanité par sa prudence et son courage, par sa justice, par l'excellence de ses loix.

Que voulez-vous qu'on pense d'une contradiction aussi formelle ? quel effet doit produire ce misérable travestissement ?

N'est-il pas sensible qu'un tel contraste, que rien ne sauve à l'œil du franc républicain, ne peut être expliqué par d'autres motifs que ceux que je dévoile en vous les imputant ?

Oui, je le répète, vous me paroissez nourrir dans vos cœurs deux espérances coupables, deux desirs insensés. Le premier, c'est de faire aujourd'hui même de la convention nationale, l'exécutrice de vos vengeances ; le second, c'est d'en faire avant peu le piedestal de *l'honorable million* (1).

---

(1) Je déclare que je n'use de cette expression, devenue en quelque sorte technique, que parce qu'elle rend mon idée fidellement et avec concision ; mais je désavoue formellement toute allusion qu'on voudroit y appercevoir aux reproches, on ne peut pas plus injustes, dirigés contre Dubois-Crancé, et que cette ex-

Ce n'est pas sans doute, si l'on pouvoit croire à la sincérité de vos démonstrations, ce n'est pas que je ne sente, à leur excès près aussi ridicule que nuisible, ce qu'il pourroit y avoir de louable et de juste dans des éloges, qui seroient d'ailleurs un encouragement à mieux faire, une invitation à les bien justifier.

Ce n'est pas que je veuille dissimuler, et j'ai plus de plaisir que vous à le reconnoître, que si, pendant les quelques derniers mois qui précédèrent la salutaire explosion du 9 thermidor, l'intérieur de la république offrit dans plusieurs communes, un tableau de servitude, de misère et de sang; la honte et le blâme n'en doivent pas trop peser sur la Convention nationale. On sait assez combien fut irrésistible l'entraînement des circonstances de tout genre, et la postérité même lui remettra ses fautes, en considération de tout le bien qu'elle en recevra.

Ce n'est pas enfin que je ne sente, plus fortement que vous et plus sincèrement, combien il est doux et nécessaire d'honorer, de chérir la représentation nationale, de rallier autour d'elle nos vœux, nos espérances, nos moyens, nos pensées; d'en faire le centre de lumières, de puissance et d'union du peuple entier. Mais ce n'est pas là, sans doute, une raison valable, un motif légitime d'être inexorable envers des citoyens, qui dans la mêlée géné-

---

pression rappelle. Dubois-Crancé ne fit en cela qu'énoncer une vérité simple, incontestable, qu'on affectoit de méconnoître; et ce qu'on se permit de dire à ce sujet contre lui, fut une querelle de mauvaise foi, une véritable chicanne. Mais il n'en reste pas moins vrai de dire qu'en général, l'esprit de cet honorable million de Français ne soit un peu aristocrate, et que la plupart ne trouvassent assez doux que leur million gouvernât de droit les vingt-trois autres.

rale, et par son mouvement même, jetés aux postes les plus difficiles et les plus hasardeux, n'ont fait que ce que l'emportement des chefs et l'égarement de tous les forçoit à faire; et d'écraser, aujourd'hui, froidement et sans pitié, de malheureux agens en seconde ou troisième main, plus excusables évidemment que ceux dont les ordres, les inspirations, les décrets, paroissoient tout autoriser, tout approuver, tout demander, tout vouloir.

Une telle acception de personnes, un tel renversement dans la dispensation de la justice publique, seroit une cruauté lâche. Elle seroit d'ailleurs impolitique et décourageante, sans aucun véritable profit; car au fonds, elle ne tromperoit personne. Seulement, ainsi que je l'ai dit, elle serviroit toutes les passions de vengeance et de haine; elle offriroit un aliment de plus à nos trop longues divisions; elle enflammeroit, elle prolongeroit encore cette désolante réciprocité de fureurs, qui peut tout perdre un jour, si des deux côtés et de toutes parts enfin, nous ne consentons à les étouffer dans l'amour de la patrie, dans le sentiment d'une commune destinée, et à nous faire ainsi l'un à l'autre, une bonne fois et sans retour, le sacrifice entier de nos vieux ou nouveaux ressentimens.

Faut-il donc s'entregorger encore, parce qu'on s'est entregorgé? Eh! quoi, seroient-ils donc avortés ou corrompus, les fruits d'abord doux et purs de l'immortelle journée du 9 thermidor? Oublions-nous déja quel en fut l'esprit, quel devoit en être le résultat? Elle fut sur-tout produite par la double horreur du sang et de l'oppression, et déja l'on essaye un nouveau règne d'oppression et de sang. Que dis-je, il semble être organisé. Les menaçantes terreurs, le perfide machiavélisme, la calomnie empoisonnée, les mille versions diverses de complots imaginaires, la fable permanente d'une grande conjuration maintenue à l'ordre du jour, les mille sottises, peut-être payées, qu'on ne fait dire ou commettre, que pour les imputer à ceux qu'on veut achever de perdre, le soulèvement affreux de l'opinion factice contre une classe nombreuse de patriotes-citoyens, enveloppés dans une même dénomination qui les dévoue à l'exécration et à l'opprobre, l'invitation directe, en forme de catilinaire, adressée publiquement et par voie de journal, à toute la jeunesse *élégamment chaussée*, au nom de la république et par un représentant du peuple, l'invitation, ai-je dit, et la provocation formelle et véhémente de s'armer à l'instant, et d'aller poignarder *thermidoriennement*, tous les citoyens qui peuvent lui déplaire, au titre vrai ou supposé de jacobin, de maratiste, de montagnard, de terroristre, d'anarchiste, de buveur de sang, &c. &c. Je le demande à tout patriote de bonne-foi, n'est-ce-pas là une véritable frénésie? Et Robespierre, lui-même, alla-t-il plus loin? Et cependant, la foule des journaux et les mille pamphlets auxiliaires, ne voient dans ces excès qu'ils vantent, dans ces instigations qu'ils approuvent et qu'ils imitent, que le triomphe de l'humanité et des principes. Ils protestent que c'est là, dans une nation régénérée, le bon ordre et la véritable liberté.

Quel est donc le véritable motif d'une si excessive agitation? Je sais bien quel est celui que l'on met en avant; mais, c'est évidemment un prétexte, et je demande à connoître la cause vraie que l'on cache encore. Où nous conduisez-vous enfin par cette violente contre-marche?

Je ne veux pas croire de vous ce que déja l'on en publie; je ne veux pas, même en idée, m'unir à vos détracteurs. Je crois à vos sermens; je crois à vos premiers écrits, que je n'ai pas lus, il est vrai, mais que les écrivains révolutionnaires plaçoient au rang des plus utiles; je crois au patriotisme invariable du *collaborateur et disciple chéri de Marat;* c'est vous qui nous le dites au jour de votre réapparition. C'est même à ce titre, comme un des plus honorables, que vous avez voulu rentrer dans la carrière. En vous y élançant, vous promîtes de lui rester fidèle; vous évoquâtes l'ombre immortelle, et ce fut par elle que vous jurâtes au peuple d'en suivre toujours les inspirations. Non, vous ne trahirez pas votre première gloire, et tant de sermens; vous fûtes l'homme du peuple, vous ne voudrez pas cesser de l'être.

Et cependant, après avoir combattu avec lui et par lui aussi long-temps que sa force et son appui vous furent nécessaires pour renverser graduellement ou violament et à des époques diverses tout ce qui vous dominoit encore, aujourd'hui que rien ne vous prime, et que l'égalité seule pourroit vous blesser, si vous n'étiez pas républicain, vous semblez en effet le repousser lui-même, l'écarter en quelque sorte, lui prescrire même de descendre et de s'humilier. Vous calomniez ses défenseurs; votre journal les signale d'une manière attroce; on y accumule sur leurs têtes tous les fardeaux de haine et de mépris; on y appelle tous les coups des vengeances particulières: il sembleroit que, sentant le besoin de les écraser pour abattre plus facilement le peuple, on y fait ligue contre eux, d'une part, avec une jeunesse frivole qu'on fanatise comme pour une croisade (1); et de l'autre, avec

(1) Il paroît qu'on fonde de grandes espérances sur l'enthousiasme de ces jeunes gens, dont la réponse cependant est beaucoup moins extraordinaire que le discours qui leur est adressé.

les classes d'hommes avides ou présomptueux, dont la prétention comme l'intérêt furent toujours de tenir le vrai peuple dans la misère et l'abaissement.

Je vous le répète, je ne vous accuse point; je ne puis même consentir encore à suspecter l'orateur du peuple; de tels sentimens ne peuvent entrer dans son cœur. Mais est-il bien assuré lui-même qu'il n'est pas la dupe de ceux qui n'en ont jamais eu ni même professé d'autres ? Ils ont habilement profité de ses irritations, pour l'entraîner à son insçu : le voila dans leurs rangs; il paroît combattre sous leurs étendarts; il se rapproche de leurs maximes; il les copie même et les embellit. Il ne dit presque plus rien qui ne soit favorable à leur cause, et qui ne touche au renversement de celle du peuple. Il paroît trouver bon que l'on s'efforce d'avilir et rendre odieuse en elle-même, comme d'effacer dans se principes,

---

Quoi qu'il en soit, après les avoir, si cela peut se dire, constitués en corps de partisans et de hussards de l'intérieur, brevetés pour donner chasse aux sans-culottes les plus indociles, on leur expédie, par surcroit, une patente de missionnaires, portant instruction de catéchiser les soumis, et de les bien apprivoiser au double joug de la servitude et de la misère. ----- Continuez, cependant, de vous *enrichir*, leur dit-on ensuite; mais *éclairez*, endoctrinez avec soin ceux de vos frères qui, étant moins riches, auroient le malheur de ne pas entendre et gouter aussi bien que vous nos *principes dont vous êtes les SOLDATS et les APÔTRES*, *puisque vous vous êtes LEVÉS EN MASSE A NOTRE VOIX*. Nous sommes, au surplus, très-satisfaits, de la MAGNANIMITÉ que vous avez fait éclater dans l'exécution de la grande police de nos séances. Il est bien prouvé que, sans ce trait de courage de votre part, il nous devenoit impossible de délibérer. Nous vous remercions cependant de n'avoir pas encore poussé les choses tout-à-fait aussi loin que vous le fîtes aux jacobins, etc. etc.

cette immortelle révolution des 31 mai, 1 et 2 juin 1793, qui, plus qu'aucune autre peut-être, fut la révolution du peuple et de l'égalité, et qui, dans les départemens comme dans la Convention même, tendoit à détruire le patriciat nouveau qu'en effet elle renversa. Peut-il donc se dissimuler qu'il se relève aujourd'hui, et que le parti patricien semble triompher ? L'orateur du peuple voudroit-il être de quelque chose dans ce honteux triomphe ? Une telle ambition seroit le plus sot des crimes. Après ce qu'il fut, il n'y auroit là pour lui que perte certaine et ineffacable déshonneur.

Son aveuglement me paroît sur-tout extrême, dans l'acharnement qu'il met à poursuivre certains hommes, et dans l'appréciation doublement fausse qu'il fait d'eux et de leurs détracteurs.

Il appelle *intriguans* ceux dont la vie est retirée, les mœurs simples, la conduite soutenue, les écrits naïfs, les principes, comme les discours, invariables. . . . et il paroît se fier à ceux qui présenteroient à l'esprit observateur le contraste de tout cela.

Il appelle *chefs de faction*, ceux de ses collègues qui vivent les plus isolés, les plus étrangers à toute sorte de complots, les plus séparés de toutes les relations qui pourroient augmenter leurs moyens personnels et leur propre force, les plus indépendans même l'un de l'autre, n'étant unis entr'eux que par le lien des vrais principes, et par un égal amour pour la liberté; — et il observe sans inquiétude, il carresse sans méfiance, il relève, en les plaçant, aussi haut qu'il peut, par les plus flatteurs discours, toutes ces classes d'hommes, si diverses et si semblables, qui, vicieusement unies entr'elles par une égale avidité pour les jouissances *exclusives* qui les *distinguent*, et leur commune haine contre les *droits de tous*, sont, par cela même, en état habituel de résistance à la sainte et douce égalité, et de guerre offensive contre les principes qui la fondent, contre les républicains qui la veulent.

Il nomme *tyrans* ceux-là même qui les ont tous abattus, ceux qui, ne demandant aux autres que l'égalité fraternelle, la constitution *démocratique*, et la liberté selon *ses* loix, ne peuvent être satisfaits que par le renversement de toutes les tyrannies ; — et il ne voit pas que, non loin de lui, peut-être, il est d'autres hommes qui, par le fer et par la terreur, sembleroient vouloir établir la plus honteuse et la plus opprimante de toutes les tyrannies ; celle des richesses.

Il appelle oppresseurs, ces sans-culottes, ces montagnards, ombrageux si l'on veut, et faillibles sans doute, mais essentiellement loyaux et bons, et sur qui pèse aujourd'hui la plus intolérable oppression ; celle du discrédit public, horriblement amer, taut factice qu'il est.

Il ose appeler encore despotes des opinions, ceux à qui l'on ne laisse aucun moyen d'exprimer leur pensée, ceux dont on glace la langue, dont on brise la plume ; — et il ne voit pas que, d'autre part, on lâche les écluses, et que le torrent des poisons révolutionnaires ne trouvant plus de digue, menace de tout inonder.

Il s'obstine a qualifier de buveurs de sang et de terroristes, tous ceux indistinctement qui, aujourd'hui comme à toutes les époques, demandent et ont demandé que les *droits du peuple* fussent reconnus et affermis ; ce qui ne veut pas dire, sans doute, que tout le sang criminel, bien moins encore une seule goutte du sang innocent, doive couler ; — et il ne s'apperçoit pas que, dans tous les journaux, quelquefois même dans celui qui paroît sous son nom, et qui, pis est encore, dans le bulletin conventionnel, tous les hypocrites, proscripteurs des loix de sang, appellent hautement et dirigent selon leurs vœux, tous les glaives et tous les poignards, contre les plus dévoués défenseurs de ces mêmes *droits*.

Voilà donc où déja nous en sommes !

Eh ! quoi, dans un si rapide intervalle, vous qui nous parliez d'*humanité*, presqu'aussi haut que les autres nous parloient de *justice* et de *vertu*, seriez-vous devenu injuste, dur, insolent, cruel et barbares comme eux-mêmes ? —— Quelle est donc cette humanité nouvelle, qui prend tous les caractères de la sanguinaire attrocité !. . . . Quel est donc sur-tout ce patriotisme, auparavant inconnu, qui, d'une main, flatte, soutient, attire, encourage tous les ennemis de la patrie, et de l'autre, repousse et frappe ses plus ardens et plus incorruptibles amis ? . . . . Vous pardonnez à ceux qui détestèrent la *révolution* et voulurent renverser la *république* (1) ; vous les appelez à vous, malgré la longue opiniâtreté de leurs nombreux et inconcevables forfaits ; et, dans le moment, vous animez et dirigez une persécution furieuse ; vous vous épuisez en invectives attroces ; vous n'avez ni assez de bile, ni assez de fiel, pour bien contenter votre rage contre ceux de vos collègues (2) qui, tout entiers au succès de la révolu-

---

(1) Les Vandéens, et d'autres.

(2) N'est-ce pas ici le cas de présenter une réflexion qui peut n'être pas inutile ? Elle est relative au décret pénal que la Convention nationale a cru devoir porter contre celui de ses membres qui se permettroit d'injurier ses collègues, séance tenante. C'est, à la vérité, le sujet d'une profonde douleur, de voir la représentation nationale divisée en deux bataillons ennemis qui se renvoient et se lancent l'un à l'autre les plus sanglantes, les plus odieuses

tion

tion et à l'établissement de la république, n'ont pu se préserver des fautes et des écarts inséparables de toute grande passion violemment contrariée. . . Je vous le confesse, je me décide à vous croire un peu fou, ne pouvant consentir à vous juger criminel.

Ce qu'il y a de plus scandaleux, et heureusement de plus chimérique dans ce délire nouveau, c'est qu'on paroîtroit avoir conçu l'espérance de frapper la convention nationale du même vertige dont soi-même l'on est atteint, de manière que, pour la consoler de tant de maux qu'il lui fut impossible de nous épargner, on prétendroit la conduire à décréter librement quelques bonnes iniquités, et à sanctionner tout ce que l'animosité la plus impla-

---

apostrophes. Mais, est-ce bien par une loi pénale (toujours illusoire d'ailleurs) qu'on prévient de tels excès ! et comment arrêter ces désespérantes manifestations, si le fond des cœurs ne change pas, si les préventions de l'esprit restent les mêmes ? Le décret, d'ailleurs, prête beaucoup à l'arbitraire, et ce mot *injures* est trop vague. Mais observez sur-tout quelle contradiction dans le code de civilité de nos représentans entr'eux, résulteroit de l'exécution stricte de ce décret contre les *injures*, etc. Eh ! quoi, un mandataire du peuple, chargé d'en discuter publiquement les intérêts, et qui, en considération de ses intérêts mêmes, doit obtenir une latitude plus franche et jouir d'une plus grande indépendance de langage ; ce mandataire, ai-je dit, dans le feu de la discussion, croyant appercevoir, peut-être, que ce grand intérêt est méconnu, contrarié, trahi, laissera échapper une expression inconvenante ou injurieuse contre un de ses collègues ; le voilà pour trois mois à l'Abbaye ! . . . Et si ce même mandataire, hors de ses fonctions, froidement et à loisir, sans mission aucune, quoique bien salarié, imprime journellement, dans sa feuille ou dans celle d'un autre, des calomnies attroces, des tirades infernales, d'abominables exécrations contre ceux de ses collègues qui n'ont pas le bonheur de lui plaire, on ne lui adressera pas même un reproche ! !

cable pourroit immaginer à titre de satisfaction légitime. On lui dit même assez nettement que cette effroyable compensation, est désormais sa ressource la plus assurée et son plus beau titre de gloire, et quelle n'est pas là pour briser ou dominer tous les partis, mais pour être alternativement le ministre des factions diverses dont elle doit servir tour-à-tour les caprices et les fureurs.

Ce seroit-là, sans doute, une bien déplorable extrémité. Heureusement, ce n'est pas pour fléchir aujourd'hui, que la Convention nationale a repris sa naturelle énergie, et resaisi tous nos droits, dont nous lui confirmons le dépôt ; heureusement encore, sa longue expérience révolutionnaire nous rassure ; on ne l'entraînera plus. Elle a trop de lumières sur-tout, pour croire aux exagérations dont on la fatigue chaque jour, ou pour se livrer à celles qu'on lui propose ; et nous restons bien convaincus que l'insertion d'une adresse dans son bulletin, n'est point du tout la preuve de son assentiment à tout ce quelle peut contenir.

C'est par le simple retour d'un gouvernement doux et ferme aux maximes, d'une sévérité juste et d'une indulgence éclairée, c'est aussi par l'exposition nette et la profession franche des vrais principes, qu'il lui appartient d'anéantir à jamais le terrorisme, et de le rendre éternellement exécrable ; et non par un régime et des mesures qui en offriroient l'affreux renouvellement.

Sans doute, une révolution telle que la nôtre, et dans une masse d'hommes si profondément corrompue, ne pouvoit s'opérer, ne peut arriver à son véritable terme, qu'à l'aide de plusieurs crises successives de régénération ; mais il ne faut pas les forcer et les provoquer. Le mouvement même des choses doit les amener et les produire dans leur vrai temps, à l'heure de la nécessité : c'est elle qui fit éclore le 9 thermidor.

Cette quatrième grande crise étoit devenue un besoin public, comme le furent, à des époques marquées, chacune de celles qui retrempèrent la fibre nationale ; et redonnèrent au corps politique le ressort et le ton sans lequel il alloit succomber.

Le 14 juillet, le 10 août, le 31 mai, seront appréciés par la postérité, qui, très-certainement, ne jugera pas qu'aucun de ces trois renversemens, épuratoires de l'horison révolutionnaire, ait été ni moins nécessaire, ni moins heureux, ni moins grand que celui du 9 thermidor.

Une chose déja pourroit même étonner, quant aux suites promptes de cette dernière régénération ; c'est que plusieurs d'entre les patriotes que Robespierre persécuta, continuèrent d'être persécutés, et même bientôt avec une rage plus virulente ; c'est encore que les patriotes, qui n'osoient guères alors écrire ni parler, ne l'osent pas d'avantage, et le peuvent moins aujourd'hui.

Il semble cependant que l'effet contraire devroit être un des caractéristiques les plus signalés comme les plus avantageux d'une telle régénération.

Voyons si cela ne peut pas être expliqué ; mais soyons plus que jamais de bonne foi avec nous-mêmes, et n'interrogeons pas notre conscience pour la séduire.

Le premier aveu que je me fais, c'est que l'insolence et les crimes de l'aristocratie ne peuvent être raisonnablement placés dans le tableau des excès qui rendirent immédiatement nécessaire l'explosion conventionelle du 9 thermidor.

Cela ne veut pas dire que les aristocrates, par leurs intrigues, leurs manœuvres et leurs *compères*, ne pussent être de quelque chose dans la tourmente de ce désordre affreux, qui avoit au moins ce bon effet pour eux, de fatiguer le peuple, et de déshonorer la révolution; mais c'est-là un tout autre point de vue.

La vérité sensible, sous le rapport qui nous occupe, c'est, qu'à Paris, ils étoient comprimés, martyrisés, assassinés comme nous-mêmes.

Ici donc, l'avantage réel, le gain particulier : tous les projets actuels étoient nuls pour l'aristocratie ; ses intérêts séparés n'étoient pas moins sacrifiés que celui des autres ; elle n'avoit directement ni force, ni influence, et ce n'est pas de ce mal là que le corps politique étoit travaillé.

Ce qui le travailloit, et le travailloit bien meurtrièrement, c'étoit l'inconcevable aveuglement des uns, l'apathie des autres, le fanatisme de plusieurs, la lâcheté du plus grand nombre, la désespérante docilité des sous-ordres, l'affreuse complicité des chefs de bande, et le sanguinaire despotisme de trois ou quatre coquins, qui se qualifioient insolemment, et que la France proclamoit exclusivement, *justes*, *vertueux et patriotes par excellence*.

Or, comme rien n'étoit au fond plus intolérable, plus exécrablement contre-révolutionnaire qu'une telle justice, un tel patriotisme, une telle vertu, il est arrivé qu'au premier signal de la Convention, tout s'est trouvé d'accord pour accabler, de concert, le monstre, et anéantir le systême.

Jusques-là, tout va bien ; voyons les suites.

Les suites, en me renfermant toujours dans la difficulté à résoudre, furent ce que naturellement elles devoient être parmi des hommes qui sembloient s'être fait un point d'honneur nouveau, révolutionnaire si l'on veut, de ne jamais s'entendre, pour ne pas perdre une seule occasion de se quereller l'un l'autre, de se tympaniser le plus éloquemment possible, de se dénoncer entr'eux, et de se vouer respectivement les uns aux autres, l'échafaud et le déshonneur.

En effet, comme pendant les mois de la désolation et du carnage, tout avoit paru être ordonné et exécuté dans l'intérêt présumé de la révolution, de par et pour le patriotisme, les ennemis de l'un et de l'autre crurent, pour cette fois, avoir bien solennellement acquis le droit de les détester encore davantage, et de les décrier plus outrageusement; et ce droit, on a pu voir comment ils l'ont exercé; il est devenu, entre leurs mains, le droit de dire et de faire, contre les patriotes, à-peu-près tout ce qu'il leur plaît.

Les patriotes, de leur côté, honteux et désespérés de tant d'horreurs, que leur mollesse et leur désunion avoient laissé commettre, crurent trouver en quelque sorte un voile à leur honte, un soulagement à leur douleur, dans l'exagération même des recits et des plaintes, dans les tableaux, si malignement retracés, de nos calamités et de la publique misère; dans cette inexplicable facilité à admettre, ou cette timide répugnance à rejeter l'horrible nomenclature de tant de traits fabuleux, mêlés à quelques vérités déja bien tristes; enfin, dans le délaissement injuste, ou le trop facile abandonnement qu'ont éprouvé de leur part, qu'éprouvent encore tous ceux que l'on a voulu perdre, ou qu'on travaille à perdre, soit en leur reprochant des choses qui étoient d'inévitables malheurs, de bien déplorables nécessités, et non pas des crimes, soit en liant leur existence révolutionnaire et leur rôle public, à de véritables forfaits qui ne sont pas les leurs, qui ne leur sont pas imputables, qu'ils n'ont pu ni arrêter ni prévenir.

Ce n'est pas tout encore, et ce que je vais ajouter me paroît être le mot décisif de l'application que je cherche.

Les patriotes, tout patriotes qu'ils puissent être, les plus sincères même, sont des hommes cependant, comme le sont aussi les aristocrates : mais ce n'est point du tout sous des rapports absolus que les hommes diffèrent entre-eux. Vice et vertu, raison et folie, chacun a sa dose de tout cela. Nul homme, sans doute, n'est exempt par nature ni bien affranchi par ses efforts contre soi-même, des vices qui caractérisent l'aristocratie, comme nul aussi n'est entièrement privé des vertus et des qualités qui constituent le simple et bon démocrate. Or, c'est un être bien rare que ce simple et bon démocrate ! C'est le phœnix, non pas celui de l'Arabie ou des Astronomes, mais celui de la nature humaine.

Les patriotes donc, ont leur injustice et leur foiblesse ; il en est même que l'esprit de rivalité tourmente jusqu'à l'exaspération, d'autres qui ne se défendent pas la haine, et savent nourrir de vieux ressentimens ; quelques-uns, peut-être, qui, s'imposant le devoir de venger de très-regrettables amis, leur cherchent des victimes dans tout ce qui parut tenir au systême affreux qui les immola. . ., C'étoit ici, pour eux tous, une occasion bien tentante de s'abandonner à ces malheureuses impulsions, et de satisfaire également leurs passions toutes diverses. Les voilà donc, bien que peu semblables l'un à l'autre, dans leurs naturelles allures, marchant ensemble vers un même but, poussés et excités par des motifs divers, à des extrémités qui leur offrent une satisfaction commune.

Cela pòsé, que pouvoit-il arriver ?

Au nombre des causes qui avoient ouvert l'abîme sur le penchant duquel le 9 thermidor nous a saisis et relevés, j'ai mis, et je devois mettre, l'aveuglement, l'apathie, l'égarement, le fanatisme révolutionnaire, la lâcheté, la molle docilité, l'excès de la confianc et du zèle, etc. etc. — Or, l'on sent bien que chacune de ces erreurs, pour peu que la malveillance s'en mêle, offre dans ses effets une nuance plus ou moins prononcée de complicité. — Eh ! bien, les patriotes, dans les dispositions d'esprit respectives où je viens de les peindre, n'ont pas dû se ménager d'avantage entr'eux que les contre-révolutionnaires eux-mêmes ne les ménageoient, et par-tout ils auront voulu voir des complices... ils ont cru les voir en effet ; ils le disent au moins ; et, sans doute, ils se le seront trop facilement persuadés l'un à l'autre.

Sur cela, qu'on me permette une simple observation : c'est qu'il faut avouer que nos triumvirs, pour des hommes qui disposoient de tout, et avoient en outre un nombre si prodigieux de complices, ont été bien facilement renversés et bien unanimement trahis ! Et moi, qui suis sorti de prison dans la matinée du 10, entre quatre et cinq, j'atteste que je vis alors, et ne cessai pas de voir depuis, tous les caractères de la joie universelle sur cet événement, de la détestation la plus fortement prononcée contr'eux et leur système, et, dans quelques hommes seulement, non pas les symptômes de la complicité, mais l'indignation, mêlée de honte, d'un esprit long-temps aveugle et récemment désabusé.

Puissent ces derniers mots, et la réflexion naïve qui les précède, ouvrir les yeux aux patriotes, rassurer les plus méfians, et faire sentir aux autres combien est scandaleux et frivole le prétexte de la triste guerre qu'ils se font !

Ah ! sans doute, elle est bien triste ! .... Hélas ! où courez-vous ? Contre qui tirez-vous le glaive ? Sur quels hommes se dirigent vos coups ? ... Vous combattiez ensemble. ... votre cause est la même .... La mêlée fut longue. ... ils se battoient sur d'autres points, contre les mêmes ennemis, pour le triomphe commun. .... De plus grands périls les ont menacés ; de plus difficiles travaux les ont occupés, et les séparèrent pendant un temps ... ne les reconnoissez-vous plus, ou ne voulez-vous leur rien pardonner ? Est-il même bien vrai qu'ils aient besoin de pardon, ou que le pardon présente quelque danger ? ....

Quel est donc ce *terrorisme* dont on nous entretient sans cesse, dont on veut faire un sujet d'épouvante, et l'objet unique et continuel de notre sollicitude et de nos dernières fureurs ? — C'est un souvenir, un souvenir affreux sans doute, mais enfin un simple souvenir ..... La chose elle-même n'existe plus ... elle est anéantie, périssant, comme elle devoit périr, dans l'ignominie et l'universelle exécration ! ....

Mais le royalisme, le fanatisme et l'aristocratie sont là. Oui, quoiqu'on en dise, ils sont encore là, tout vivans dans bien des cœurs, et prêts à nous dévorer, si jamais, par vos divisions ou votre insurveillance, reprenant leur insolence en retrouvant leurs forces, tyrans et sanguinaires alors, parce que telle est leur nature, ils unissoient contre vous des bataillons nombreux et fanatisés, dont les soldats, par-tout épars, existent sur chaque point de la république.

Et ne voyez-vous pas que ces trois fléaux dominent encore et ravagent l'univers ? . . . . Ne règnent-ils pas aussi dans l'Europe, qui, presqu'entière, s'est armée pour les ramener parmi vous, et n'a pas encore posé les armes ? . . .

Vous me dites cependant que le *royalisme* sur-tout *est* EXPIRÉ... mais que *le terrorisme* SUBSISTE, PUISQU'ON *vous a proposé une* AMNISTIE ! . . . Voilà, certes, un étrange raisonnement ! . . . . . Ah ! ce n'est pas une amnistie que vous demandèrent les rois ; c'est une guerre attroce qu'ils vous déclarèrent et qu'ils vous font . . . . et s'il est ici question d'*amnistie*, on a fait quelque chose de mieux pour le *royalisme* que de la *proposer* ; on l'a décrétée... Tous ces braves royalistes de la Vendée et départemens circonvoisins, qui furent le continuel et plus grand fléau de la révolution, et qui, depuis vingt-un mois sur-tout, se passionnant, contre la république et ses loix, en faveur de Louis XVII et de leurs prêtres, nous ont fait plus de maux, au nom de ce roi chimérique, que n'ont pu nous en faire tous les rois existans, ne leur avez-vous pas mille fois tendu les bras ? Ne les traitâtes-vous pas long-temps et à plusieurs reprises en frères égarés ? Ne vous forcèrent-ils pas à frapper enfin ? Ne vous fatiguèrent-ils pas de leur opiniâtreté des plus inconcevables excès ? Et aujourd'hui même, appelés à vous depuis un temps assez long, par une amnistie honorable, solennelle, sans exception, ne vous contraignent-ils pas encore à traiter, de puissance à puissance, avec leurs chefs, qu'ils vous auroient livré, qu'ils auroient du moins entièrement abandonné, s'ils aimoient en effet la république, et s'ils détestoient sincérement leurs égaremens ou leurs crimes.

Mais laissons-là les Vendéens, comme objet nouvellement consacré, qu'on ne doit plus toucher que pour le mettre en niche ; et terminons cet écrit par quelques mots sur ces malheureux *terroristes*, qui sont, au contraire, les boucs du désert ; chargés de toutes les iniquités de la révolution.

TERRORISTES ! Assurément le mot est heureux pour tout homme qui a besoin d'entrer en fureur ! . . . . quant à moi, n'éprouvant pas ce besoin, je serois tenté, je l'avoue, de demander, avant tout, que le mot fut bien défini.

Je conçois cependant, qu'un homme irrité se soucie assez peu de travailler une définition que, d'ailleurs, il pourroit manquer ; et, comme je ne veux ici déplaire à personne, bien moins encore à des frères déja courroucés, je résiste à cette première tentation ; je les prie seulement de me noter, à des caractères certains, à des signes précis, tous ceux que cette qualification si vague de *terroriste* doit ou peut légitimement faire placer dans ce catalogue de proscription. . . . et, comme ils ne sont pas là pour me tirer de peine, il faut bien que je me détermine à poser solitairement les questions, que j'essaierai même de résoudre, sauf au plus complaisant d'entr'eux de me redresser si je m'égare.

Les *terroristes* seroient-ils ceux qui, dans les plus imminens dangers de la patrie, aux jours où toutes les trahisons unies, éclatant à-la-fois dans l'enceinte comme sur les limites de son territoire, préparoient son déchirement et sa ruine, pour comprimer et abattre cet audacieux soulèvement, proposèrent de *mettre la terreur à l'ordre du jour contre les ennemis de la liberté* ? Mais, en ce sens, les *terroristes* étoient donc la nation entière, les contre-révolutionnaires exceptés ; puisqu'à l'époque où cela fut prononcé, non-seulement les adresses qui sollicitoient cette proclamation étoient parties de tous les points de la république, mais encore le peuple entier, par la voix des commissaires porteurs des votes des assemblées primaires, venoit d'en faire la demande formelle à la Convention nationale, immédiatement après l'acceptation solennelle de la constitution démocratique; et certes, aucun d'en-tr'eux ne fut sur ce point désavoué par ses commettans; bien loin de là, il en fut hautement loué; cela est connu de tout le monde: et l'on peut affirmer qu'aucun décret, dans tout le cours de la révolution, n'a été ni plus nationalement provoqué, ni plus universellement approuvé, ni meilleur et plus indispensable dans les circonstances où la nation le commandoit, que ce décret qui mit la *terreur à l'ordre du jour contre les ennemis de la liberté*..

Les *terroristes* seroient-ils ceux qui, cédant à l'irrésistible empire des circonstances, fidèles, ainsi qu'ils devoient l'être, à la première des loix, celle du salut public, et dociles, ainsi qu'ils devoient l'être encore, au vœu non équivoque, à la volonté manifestée du peuple, portèrent ce décret?... Mais dans l'hypothèse d'une telle acception, les *terroristes* seroient donc tous les députés. En effet, nul autre décret, que je sache, ne fut plus franchement voté, plus unanimement consenti, tant étoit évidente pour tous la nécessité de le rendre.

Les *terroristes* seroient-ils ceux, parmi les simples citoyens, qui approuvèrent ce décret, l'accueillirent même avec transport, et en voulurent l'exécution? Mais, dans cette application nouvelle, les terroristes sont encore la nation entière, toujours, et comme de raison, les contre-révolutionaires exceptés, qui ne pouvoient aimer un décret porté contr'eux. Les Vendéens, par exemple, les fédéralistes, les royalistes, qui en disent tant de mal aujourd'hui, qui en font à-la-fois l'époque fixe et la vraie cause des calamités publiques, ne durent pas en parler plus avantageusement alors.

Les *terroristes* enfin, seroient-ils les traîtres féroces qui, depuis, ont tourné sciemment contre le peuple et la révolution, ce décret qui n'avoit été porté qu'en faveur de la révolution et du peuple ? Passe pour cela ; rien n'est plus juste. Mais alors, daignez, premièrement, décréter sur ce point, avec une parfaite bonne foi, un signalement exact qui les distingue et les fasse bien reconnoître ; veuillez bien ensuite déterminer nettement l'époque où cet affreux *terrorisme* prit en effet naissance, se développa rapidement, et dans le plus court de tous les règnes, exerça le plus affreux des ravages ; ou plutôt, désignez cette espèce d'hommes ainsi reconnue, par une dénomination qui la caractérise plus précisément ; nommez les complices ou agents vendus au triumvirat ; et renoncez à ce mot vague et indéfini de *terroriste*, que la foule des hommes malveillans, ou abusés, ou frivoles, applique indistinctement à tous les ci-devant jacobins, à tous les ci-devant montagnards, aux francs sans-culottes, à tous les patriotes énergiques et dévoués, qui concoururent, autant que qui que ce puisse être, au véritable succès de la véritable et bonne révolution.

Ne souffrez pas sur-tout que l'on vous dise à tout propos que les malheurs et les crimes publics datent et découlent de ce décret célèbre. Non, ceux qui le répètent sans cesse, ne le croient certainement pas eux-mêmes. Mais je ne puis concevoir, je l'avoue, qu'on feigne de méconnoître des choses si notoires et si récentes.

Ce décret, je le redis encore, sans cesser de me croire tout aussi humain que ceux qui se commandent l'indignation aujourd'hui, ce décret indispensable, étoit sage et bon en soi ; il a produit d'heureux et grands effets dans les circonstances ; il pouvoit en produire de meilleurs en plus d'un lieu sans doute ; il devoit sur-tout être plus promptement rapporté ; mais les maux qu'on lui impute n'appartiennent ni à son véritable esprit, ni à l'époque où il fut rendu, ni à celle au-delà de laquelle il ne devoit plus subsister. C'est l'ascendant inconcevable de quelques gouvernans ; ce sont des décrets postérieurs ; ce sont mille et mille causes locales et inassignables, ou fortuites et éventuelles ; c'est encore la mollesse ou le sommeil de plusieurs patriotes sincères ; c'est la division de quelques autres ; c'est la scélératesse attroce et la prodigieuse popularité de trois hypocrites, qui ont causé nos plus grands manx.

Et, relativement à ces triumvirs, je crois devoir appuyer sur une observation qu'on néglige trop, et qui fait bien ressortir le caractère le plus marquant comme le plus puissant moyen de leur tyrannie ; c'est que les injustices attroces et les véritables horreurs ne furent point exécutées, ou commandées, ou inspirées par eux, à l'époque précisément, ni même, si cela peut se dire, à la faveur et sous les auspices du décret de *terreur* ; elles appartiennent en général, relativement à Paris sur-tout, à un période postérieur à l'influence de ce décret.

Ce période, à mon sens, commence au jour où les trois coquins se concertèrent pour dire et faire dire en tout lieu, ce que depuis ils répétèrent sans cesse, ce qui devint la sanction en quelque sorte et le préambule des plus perfides rapports comme des plus désolans décrets ; où ils se concertèrent, ai-je dit, pour faire recevoir et entendre de la Convention nationale et du peuple entier, cet adage si ridicule et si charlatanesquement pervers : — *la justice et la vertu sont* A L'ORDRE DU JOUR ! . . . Ah ! les traîtres ! . . . . Dès ce jour on eut dû sentir qu'il vouloient tromper la nation et la subjuguer, puisque le scandale et l'attrocité de leurs mesures passa outes les bornes. *La justice et la vertu* A L'ORDRE DU JOUR ! Sycophantes, quelle misérable affectation ! On conçoit bien, d'ailleurs, que la *terreur* puisse être mise *à l'ordre du jour contre les ennemis de la liberté*, quand il y a lieu ; mais la *justice et la vertu* ne sont pas un *ordre du jour* ; elles sont essentiellement l'*ordre éternel*. La *terreur* (1) aussi, mais justement imprimée, mais sage-

(1) Pour en finir cependant sur cette pensée de *terreur*, dure et triste en elle-même, horrible dans l'abus du mot, épouvantable dans l'excès de la chose, j'interpelle ici la bonne foi de tous nos représentans, j'en appelle à tous les amis de l'égalité sainte, hors de laquelle il n'est ni bonheur ni patrie, à tous les citoyens qui suivirent la révolution avec ce religieux sentiment de respect, de sollicitude et d'amour qu'inspire l'inquiétante alternative du salut ou de la ruine du peuple, du triomphe ou du renversement de ses droits ; je les adjure de nous dire si, à l'époque où ce peuple, par l'organe des envoyés de ses assemblées primaires, vint provoquer expressément la Convention nationale, dans une adresse lue par eux dans son sein, pour en obtenir un décret que la situation connue de la république sollicitoit, et que les communes fidèles accueillirent, il faut le répéter, par d'unanimes acclamations ; je les adjure, ai-je dit, de nous déclarer si ce décret, au souvenir duquel s'allument encore tant de haines, et se reproduisent d'excessives irritations, n'étoit pas alors indispensable, et si, pendant plusieurs mois, sous de grands et d'intéressans rapports, il ne fut pas éminemment, quoique douloureusement, salutaire. Il n'eût été que salutaire, si chacun avoit pu en déterminer et resserrer les bornes, pour la durée et pour l'objet ; mais en toute supposition, il n'y auroit ni véritable humanité, ni sagesse, ni justice, à vouloir aujourd'hui, par une décision rétroactive dans ses effets, le flétrir ou le désavouer, soit en lui-même, soit dans la personne des agens divers qui, restés fidèles à son esprit ainsi qu'à la lettre des autres loix, n'en auroient ni perverti le sens, ni dénaturé l'intention ou les principes, par d'odieux excès ou d'abusives applications.

ment dispensée, mais réglée encore et contenue dans son redoutable exercice, oui, la terreur, ainsi précisée, rentre dans cet ordre éternel. Il est un terme à tout, même à cette naturelle clémence d'un peuple qui sent sa grandeur et sa force. Le peuple le plus exorable doit avoir ses jours d'inflexibilité, et quand elle arrive cette heure terrible d'une sévérité rigoureuse, l'*ordre éternel* n'en est point troublé ; il est maintenu : c'est encore la JUSTICE.

P. A. ANTONELLE.

ERRATA.

A la sixième ligne, page 9 : *hors de lutte* ; lisez, *hors de tutelle.*

A la première ligne de la page 36 : *félicitées* ; lisez, *sollicitées.*

A la page 60, seconde ligne de la note : *s'il ne le trouve* ; lisez, *s'il ne retrouve.*

A la vingt-neuvième ligne de la page 64 : *cent mille* ; lisez, *vingt mille.*

www.ingramcontent.com/pod-product-compliance
Lightning Source LLC
LaVergne TN
LVHW020403230826
846091LV00003B/1125

9782013246460